Daniel King

Wie man im Schach gewinnt

10 goldene Faustregeln

Joachim Beyer Verlag

ISBN 978-3-95920-208-4

12. Auflage 2024

Ein Imprint des Schachverlag Ullrich, Zur Wallfahrtskirche 5,
97483 Eltmann

Herausgeber: Robert Ullrich

Inhalt

Einführung

Wenn du gerade erst gelernt hast, wie die einzelnen Figuren ziehen, und nun wissen möchtest, welche Züge nützlich sind, dann ist dieses Buch genau das richtige für dich. Oder spielst du schon seit einiger Zeit und möchtest dein Wissen vertiefen? Dann hast du ebenfalls eine gute Wahl getroffen.

Ich habe versucht, die zehn wichtigsten Ratschläge in **Faustregeln** zu formulieren, die du dir während einer Partie in Erinnerung rufen kannst – und zwar drei für die Eröffnung, vier fürs Mittelspiel und drei fürs Endspiel.

Zunächst werden die Ratschläge wohl etwas abstrakt erscheinen, aber je öfter du spielst, desto mehr wirst du sie verstehen und ihre Bedeutung zu schätzen lernen. Für alle erfahrenen Spieler bedeuten diese Ratschläge so etwas wie eine zweite Haut, auf die sie sich eher verlassen als auf weitverzweigte und auswendig gelernte Varianten. Ich behaupte natürlich nicht, dass du nach der Lektüre dieses Buches die Weltspitze erreichst, denn das gelingt nur mit großem Talent und jahrelanger Arbeit. Allerdings erhältst du ein solides Fundament, von dem aus du dein Spiel Schritt für Schritt verbessern kannst.

Ich rate dir dazu, die Ratschläge sorgsam nacheinander durchzuarbeiten und nicht etwa das ganze Buch an einem Tag zu verschlingen. Das sollte man nicht übertreiben, denn ich finde, dass es einfach zu riskant ist, sich zehn Dinge gleichzeitig zu merken.

Denke daran, dass die Ratschläge im Gedächtnis haften bleiben sollen. Ich setze nicht voraus, dass du ihnen blindlings folgst. Angenommen, du gerätst z.B. in eine Situation, in der du eigentlich den Ratschlag befolgen könntest 'Rochiere so schnell wie möglich!' - Wenn du jedoch einen Weg siehst, die gegnerische Dame zu fangen, dann zögere nicht und werfe den Ratschlag über Bord.

Wenn du noch nicht mit dem Aufschreiben einer Schachpartie vertraut bist, dann empfehle ich dir, zuerst das folgende Kapitel *Einführung in die Schachnotation* zu lesen, bevor du dich mit dem Hauptteil des Buches befasst. Lass dich dadurch nicht abhalten, es ist sehr einfach geschrieben. Außerdem gibt es in diesem Buch zu deiner Hilfe viele Diagramme.

Du musst allerdings verstehen, dass es für die Praxis keinen Ersatz gibt. Je öfter du spielst, desto mehr wirst du verstehen und desto besser wirst du spielen. Aber eines steht fest: Wenn du diese zehn Ratschläge beherzigst, gehst du unaufhaltsam in die richtige Richtung.

Daniel King, London

Die Schachnotation

Im Vergleich zu anderen Spielen hat Schach den Vorteil, dass man die Züge aufschreiben kann. Somit können wir nicht nur die Partien der größten Schachspieler der Neuzeit nachspielen, sondern auch die der Meister der letzten Jahrhunderte. Deshalb ist das große Angebot von Schachliteratur kaum verwunderlich, von regelmäßig erscheinenden Zeitschriften mit den neuesten Partien und Informationen, über Partiensammlungen der bedeutendsten Spieler, bis hin zu theoretischen Empfehlungen zu den gebräuchlichsten Eröffnungen. Und wenn du erst einmal die Schachnotation erlernt hast, dann kannst du all das nutzen und davon profitieren.

Obwohl in diesem Buch viele Dinge schon in den Diagrammen erkannt werden können, wirst du mehr herausholen, wenn du dich ein bisschen mit der Schachnotation vertraut machst.

Das weltweit angewandte System, um Züge aufzuschreiben, nennt man *algebraische Notation*. Gott sei Dank ist es nicht so schwierig, wie es klingt. Wenn du schon einmal das Spiel 'Schiffe versenken' gespielt hast oder das Gitternetz eines Stadtplanes lesen kannst, wirst du die Schachnotation leicht erlernen.

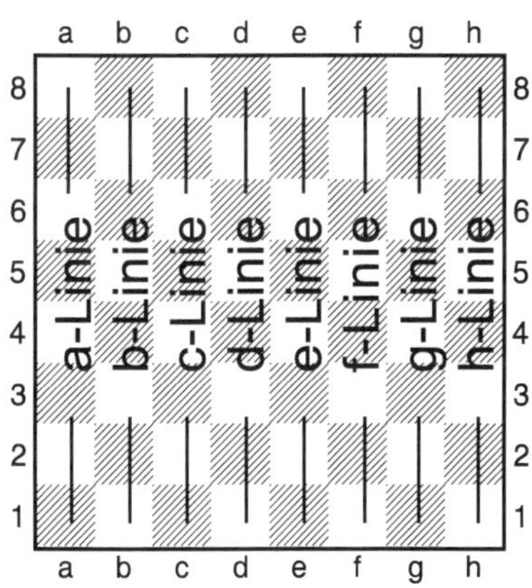

Die senkrechten Felderreihen werden *Linien* genannt und sind mit den Buchstaben 'a' bis 'h' gekennzeichnet – die waagerecht verlaufenden heißen *Reihen* und sind mit den Zahlen '1' bis '8' gekennzeichnet. Entsprechend kann jedes Feld mit einer Kombination aus einem Buchstaben und einer Zahl benannt werden.

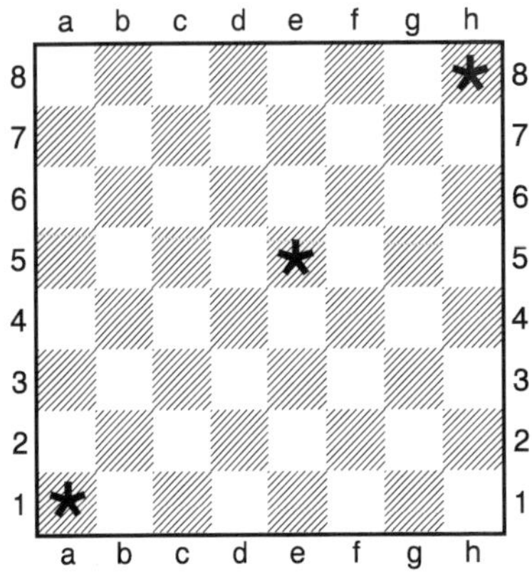

Das Feld mit dem Stern in der Ecke unten links heißt *a1*. Das Feld mit dem Stern in der Ecke oben rechts heißt *h8*. Der Stern im Zentrum befindet sich auf *e5*.

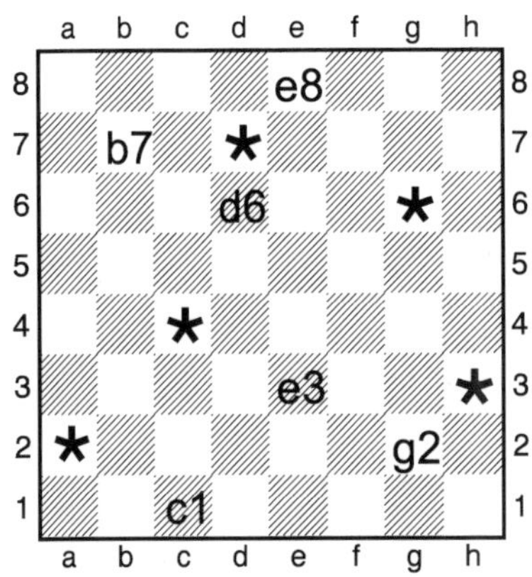

Diagramm 1

In diesem Diagramm steht auf einigen Feldern deren ‘Name’, während andere mit einem Stern markiert sind. Schreibe die ‘Namen’ dieser Felder auf, um zu überprüfen, ob du das System richtig verstanden hast.

(Lösung auf Seite **126**)

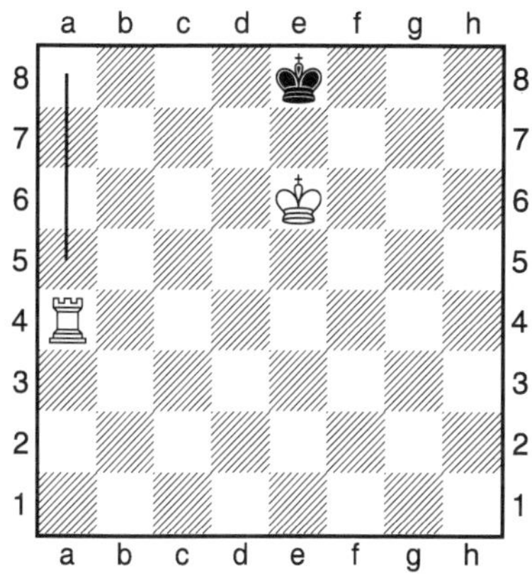

In dieser Stellung kann Weiß den Gegner matt setzen, indem er seinen Turm auf das Feld a8 stellt. Dieser Zug wird folgendermaßen aufgeschrieben:

1.♖a8# (# ist das Symbol für Schachmatt oder kurz: Matt.)

Die Angabe **1.** zeigt die Zugnummer an; in diesem Fall ist **♖a8#** also der erste Zug ausgehend vom Diagramm. Das Symbol ♖ steht für Turm, und **a8** nennt das Feld, auf das der Turm zieht.

Merke: Üblicherweise notiert man nur das Feld, auf das der Stein zieht – nicht jedoch das, von welchem er kommt.

Für jede Art von Figur gibt es ein Symbol:

König = ♔

Dame = ♕

Turm = ♖

Läufer = ♗

Springer = ♘

Für Bauern gibt es kein Symbol; es wird lediglich ihr Zielfeld genannt. Statt der Symbole werden zur Kennzeichnung der Figuren oft auch Buchstaben verwendet – im Deutschen also:

König = K

Dame = D

Turm = T

Läufer = L

Springer = S

Wenn ein Stein einen anderen schlägt, fügt man ein kleines ‘x’ hinzu. So bedeutet z.B. ♗xc6, dass der Läufer einen Stein geschlagen hat, der auf dem Feld c6 stand.

Nun übe anhand des folgenden Diagramms, wie die darunter angegebenen Züge auf einem Schachbrett ausgeführt werden.

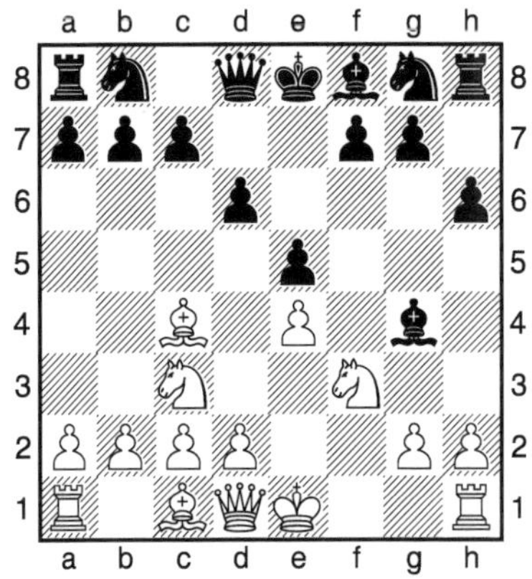

1. ♘xe5 ♗xd1
2. ♗xf7+ ♔e7
3. ♘d5#

Wenn du alles richtig gemacht hast, erreichst du so die folgende Stellung.

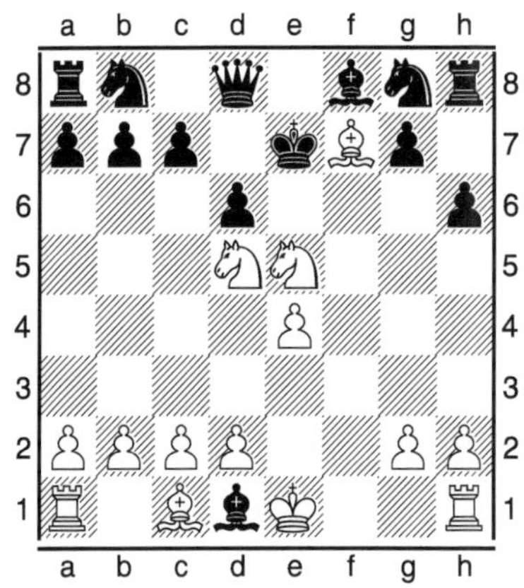

Teil 1 – Die Eröffnung

Einführung

Im Schachspiel sind bereits die ersten Züge sehr wichtig. Wenn du hier Fehler machst, kannst du schnell verlieren. Also ist es nützlich, sich bereits am Spielbeginn Gedanken darüber zu machen, welche Absichten man hat und welche Ziele man verfolgt. Natürlich besteht das letztendliche Ziel darin, den Gegner matt zu setzen, aber wie können wir dieses erreichen? Sollen wir unsere Steine abwartend einsetzen, um erst im richtigen Moment zum entscheidenden Schlag auszuholen? Oder sollen wir sie alle in einer Ecke des Bretts versammeln und eine Guerilla-Taktik anwenden?

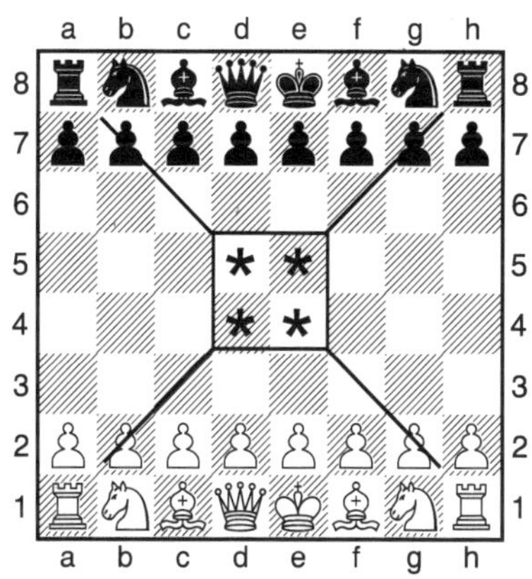

Ich empfehle keine der beiden Strategien. Schach ist ein Kampfspiel, und wenn du dir das Brett als ein Schlachtfeld mit zwei gegenüberstehenden Armeen vorstellst – welcher Teil des Bretts ist dann wohl der wichtigste?

Am Anfang des Spiels ist das Zentrum der wichtigste Teil des Bretts. Wenn du das Zentrum beherrschst, hast du die beste Voraussetzung dafür, auch den Rest des Bretts kontrollieren zu können.

Diagramm 2

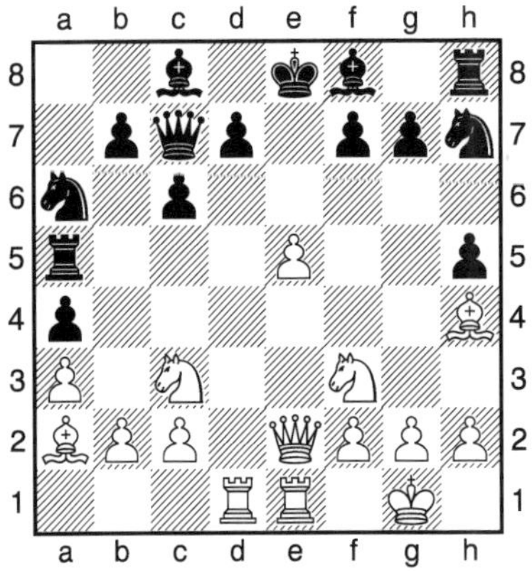

Schau dir diese Stellung an und überlege, auf welcher Seite du lieber spielen möchtest.

Weiß hat eine hervorragende Stellung im Zentrum. Der Bauer auf e5 wirkt wie eine Speerspitze des Angriffs, weil er die schwarze Position sozusagen in zwei Teile schneidet. Und obwohl die weißen Läufer am Brettrand platziert sind, stehen auch sie gut und aktiv, weil sie den Spielraum des schwarzen Königs beschneiden. Auch die Springer stehen gut und sind bereit, in eine Angriffsrolle zu schlüpfen. Die Türme schauen in Richtung des schwarzen Königs und ebenso verhält es sich mit der Dame.

Und nun schau dir zum Vergleich dazu die schwarze Stellung an. Schwarz hat die Eröffnungsschlacht eindeutig verloren, denn keiner seiner Bauer schützt das Zentrum. Die Türme und Springer stehen auf Rand- oder Eckfeldern herum, wo sie wenig Einfluss auf das Spielgeschehen haben. Die Läufer sind noch nicht aus den Startblöcken gekommen und einer ist sogar gänzlich von eigenen Bauern eingemauert. Am schlechtesten steht jedoch der schwarze König - nämlich festgenagelt in der Mitte und in der Schusslinie der weißen Steine.

Im Vergleich dazu ist der weiße König sicher hinter einer Reihe von Bauern am Brettrand versteckt. Entsprechend hat Weiß gleich mehrere vielversprechende Züge, und einer davon hat eine enorme Zerstörungskraft. – Kannst du ihn finden? (Auflösung Seite **126**)

Die ersten drei goldenen Regeln hängen eng zusammen. Wenn du sie beherzigst, kannst du eine Stellung vermeiden, wie die, die sich der Schwarze im obigen Beispiel eingehandelt hat. Oder positiv gesagt: Wenn du diese Regeln befolgst, kann es dir sogar gelingen, solch eine imposante Position zu bekommen wie der Weiße im dortigen Beispiel.

Regel 1

Eröffne mit einem Zentrumsbauern!

Der erste Zug wird immer von Weiß ausgeführt. Er hat die Wahl zwischen zwanzig verschiedenen Zügen, von denen einige besser sind als die anderen.

Ich empfehle dir, das Spiel mit einem der beiden Zentrumsbauern zu beginnen. Wenn du z.B. den e-Bauern nach e4 ziehst, spielst du die klassische Eröffnung '1.e4'. Diesen Zug hat auch jeder der bisherigen 16 Weltmeister mehr oder weniger häufig gespielt, so dass du dich offenbar in guter Gesellschaft befindest.

Der Bauer besetzt eines der vier Zentralfelder und nimmt Einfluss auf ein weiteres (d5). Außerdem wird eine Diagonale für die Dame und eine für den Königsläufer geöffnet.

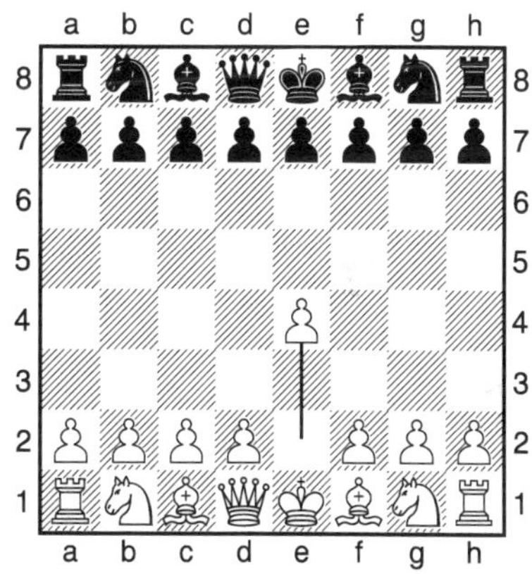

Auch der Zug 1.d4 ist sehr stark. Ähnlich wie bei 1.e4 besetzt der Bauer eines der vier Zentralfelder und nimmt Einfluss auf ein weiteres (e5). Außerdem wird eine Diagonale für den Damenläufer geöffnet.

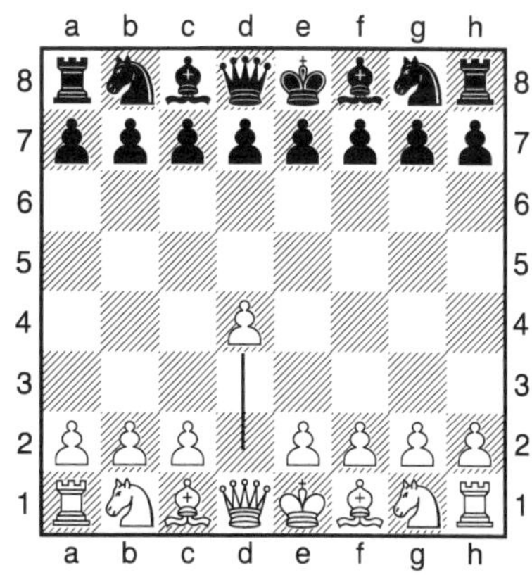

Welchen der folgenden Antwortzüge würdest du als Schwarzer wählen?

1) 1...e5

2) 1...a5

3) 1...♘c6

4) 1...d5

Nun werden wir diese Züge der Reihe nach anschauen.

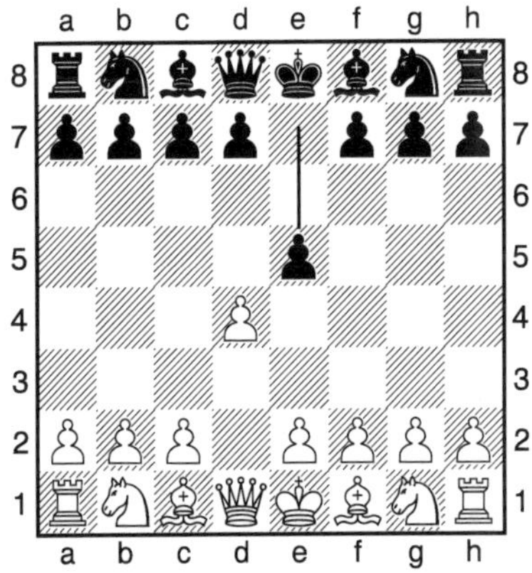

1) 1...e5

Na klar, die Hauptregel lautet ja „Eröffne mit einem Zentrumsbauern!“ – aber in diesem Fall verliert Schwarz nach **2.dxe5** einfach einen Bauern.

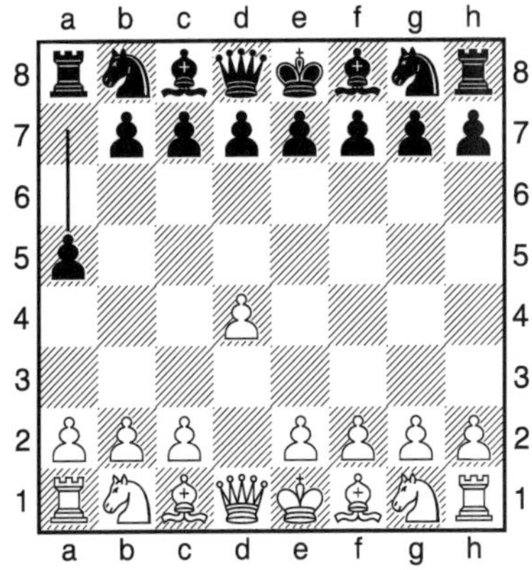

2) 1...a5

Willst du etwa deinen Turm am Brettrand herausbringen? Keine Chance! Weiß spielt einfach **2.e4** und verhindert den Turmzug nach *a6, weil sein Königsläufer das Feld unter Kontrolle nimmt.* So bekommt er eine gute Zentrumsstellung, weil der schwarze Randbauernzug nichts für den Kampf um diesem Bereich leistet.

3) 1...♘c6

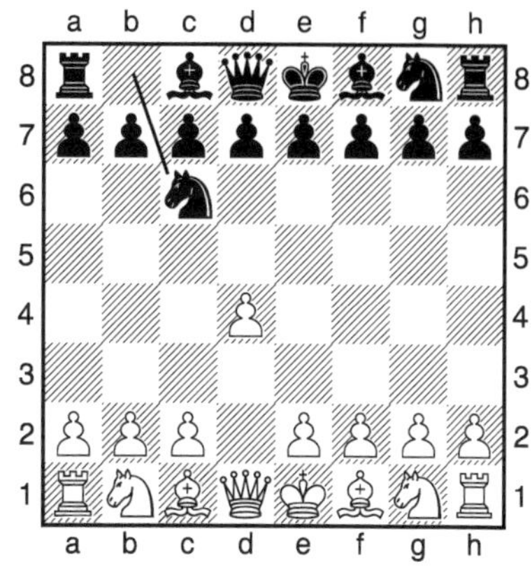

Diese Entwicklung des Springers ist riskant, weil sie nicht mit einem Bauernzug vorbereitet wurde. Entsprechend wird er mit **2.d5** vertrieben und muss ein zweites Mal ziehen, wodurch Schwarz wertvolle Zeit verliert.

4) 1...d5

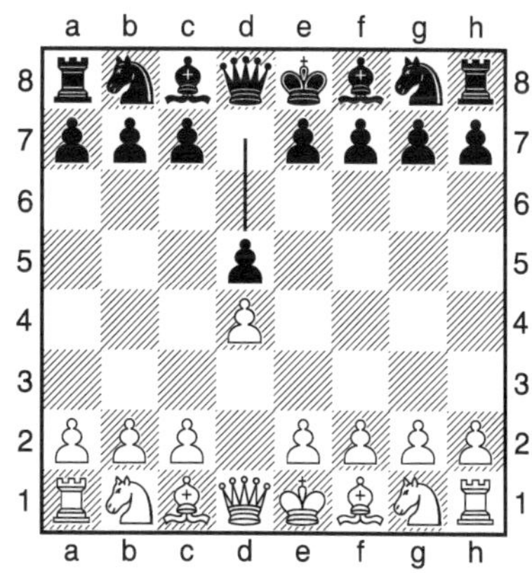

Ein guter Zug und bei weitem die beste Möglichkeit von allen. Schwarz nimmt Raum im Zentrum und öffnet eine Diagonale für seinen Damenläufer.

Zusammenfassend sei gesagt: Es ist sinnvoll und wichtig, eine Partie mit einem Zentrumsbauern zu eröffnen, weil man damit einerseits *das Zentrum besetzt* und andererseits *eine Diagonale für einen der Läufer öffnet.*

Regel 2

Bringe deine Figuren ins Spiel!

Wäre es nicht dumm, wenn ein General seine Truppen im Kriegsfall in den Kasernen ließe. Ebenso unklug wäre es, wenn deine Figuren ihre Startfelder nicht verlassen würden, denn das könnte dazu führen, dass du die Schlacht verlieren würdest, weil die Truppen ja überhaupt keine Möglichkeit gehabt hätten, in den Kampf einzugreifen. Entsprechend ist es im Schach lebenswichtig, alle Figuren (außer den König) schnellstmöglich ins Spiel zu bringen - aber wohlgemerkt: nicht nur ein oder zwei, sondern so viele wie möglich.

Wenn du in der Grundstellung die Züge **1.e4** und **1...c5** ausführst, entsteht folgende Position.

Beide Züge sind gut und sinnvoll, denn beide nehmen Einfluss auf das Zentrum.

Wie würdest du als Weißer fortsetzen? Untersuche die folgenden Züge und entscheide dich für einen davon?

1) 2.h4

2) 2.♘f3

3) 2.♘h3

4) 2.♕h5

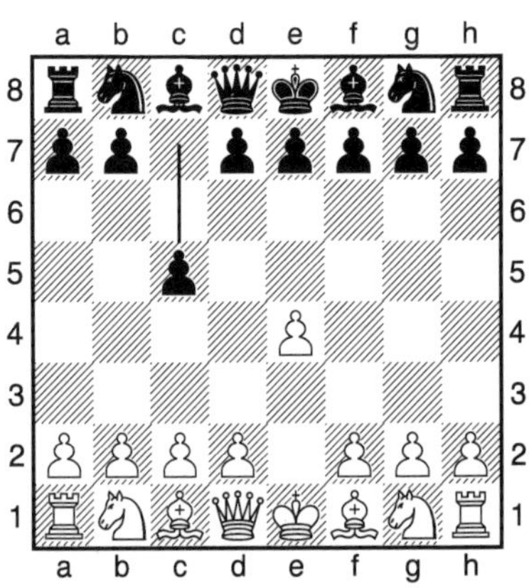

1) 2.h4

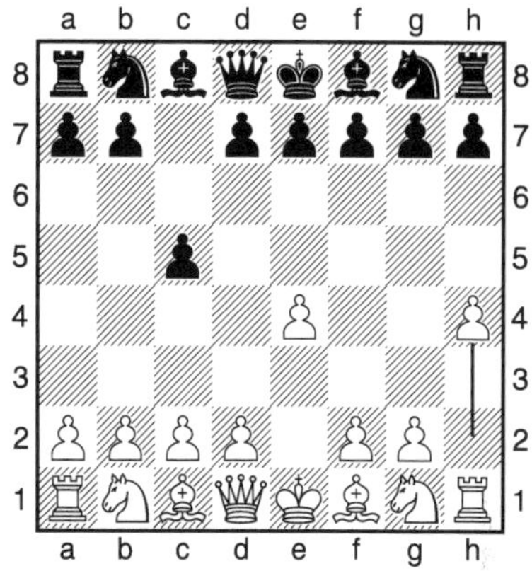

Das ist ein schrecklicher Zug, denn Bauernzüge sollten in der Eröffnung nur gemacht werden, um Raum im Zentrum zu gewinnen oder die Entwicklung einer Figur zu ermöglichen. Auch ist es keine gute Idee, den Turm über den Brettrand ins Spiel zu bringen, denn er würde ins Abseits geraten.

2) 2.♘f3

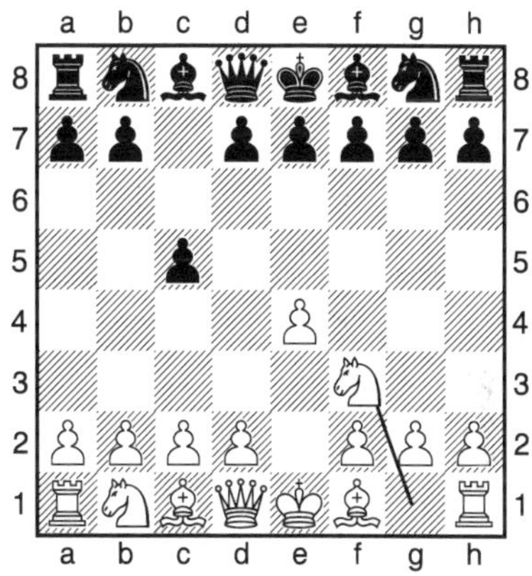

Das ist der beste der vier Züge, denn von diesem Feld aus kontrolliert der Springer zwei der vier Zentrumsfelder, nämlich *d4* und *e5*. Gewöhnlich zieht man die Springer vor den Läufern, denn während noch nicht klar ist, wo die Läufer am besten stehen, ist eines bereits sicher: der Königsspringer gehört nach f3.

3) 2.♘h3

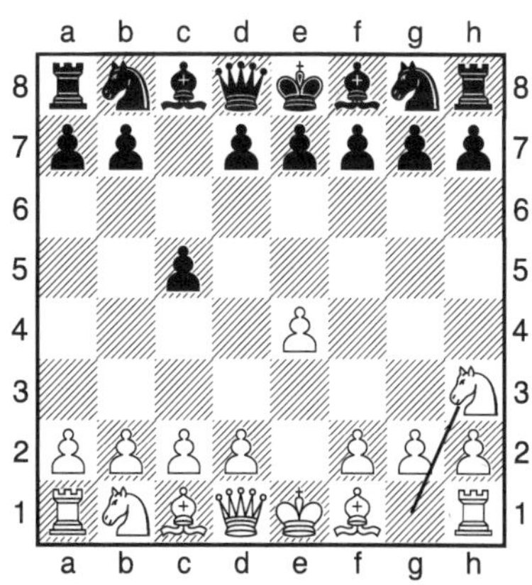

Das ist deutlich schwächer als ♘f3, denn vom Brettrand aus hat der Springer keinerlei Einfluss aufs Zentrum.

4) 2.♕h5

Das ist ein ganz armseliger Zug. Sicherlich ist die Dame die stärkste Figur, aber ohne die Hilfe anderer Truppenteile leistet sie wenig. Zwar greift sie den Bauern c5 an, aber der kann leicht verteidigt werden, z.B. mit dem Bauernzug **2...e6**.

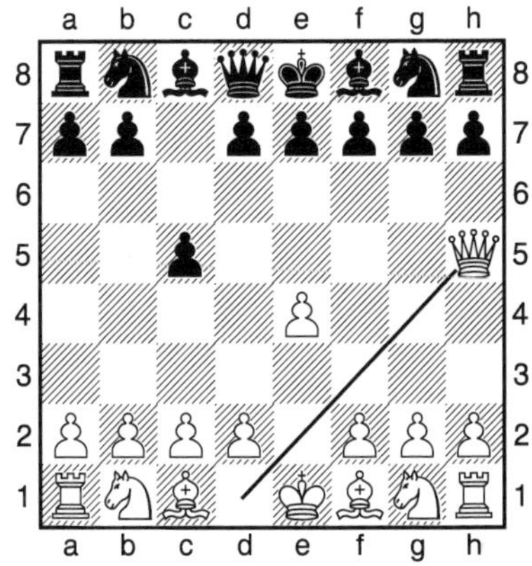

Merke: Bringe zuerst deine Springer und Läufer ins Spiel, damit du so schnell wie möglich rochieren kannst. Die Dame greift normalerweise erst ins Kampfgeschehen ein, wenn konkret zum Angriff geblasen wird und wenn sichergestellt ist, dass sie dabei nicht selbst unter Beschuss gerät. In unserem Beispiel wird sie im nächsten Zug entweder durch den Springer oder den g-Bauern vertrieben und Weiß wird wertvolle Zeit verlieren.

Die folgende Tabelle vom ungefähren Materialwert der Figuren verdeutlicht, warum es so wichtig ist, gut auf seine Dame achtzugeben.

Die Wertigkeit der Steine

Dame	–	9 Punkte
Turm	–	5 Punkte
Springer	–	3 Punkte
Läufer	–	3 Punkte
Bauer	–	1 Punkt

Was würdest du als Weißer ziehen?

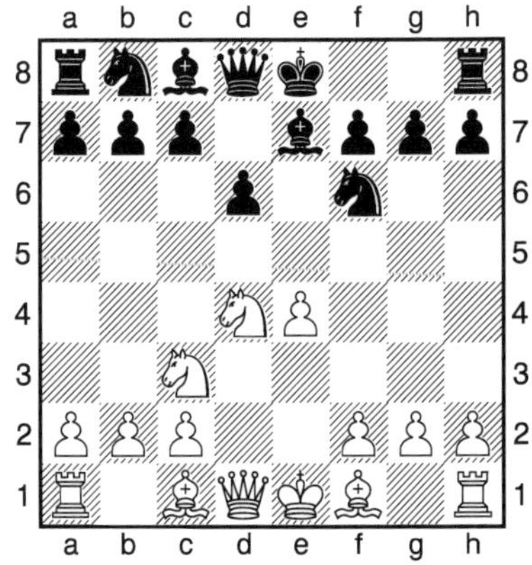

1) 1.h3

2) 1.♗c4

3) 1.♗b5+

4) 1.♕f3

1) 1.h3

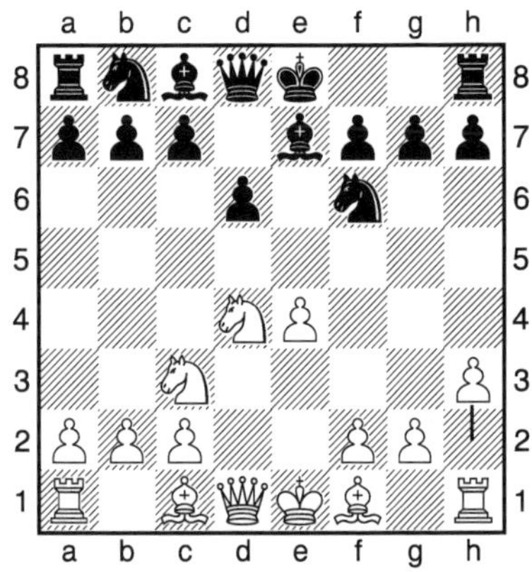

Das ist reiner Zeitverlust und deshalb nicht gut, denn – wie bereits gesagt – sollten Bauern anfangs nur bewegt werden, um Raum im Zentrum zu gewinnen oder zur Entwicklung der Figuren beizutragen.

2) 1.♗c4

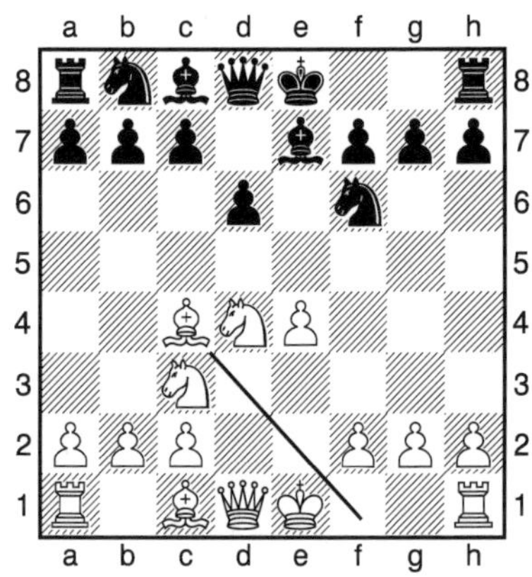

Das ist der stärkste von den vier Zügen, denn der Läufer steht auf einer hervorragenden Diagonale und zielt auf den schwarzen König. Außerdem kann Weiß jetzt die Rochade ausführen, worauf ich im nächsten Kapitel näher eingehen werde.

3) 1.♗b5+

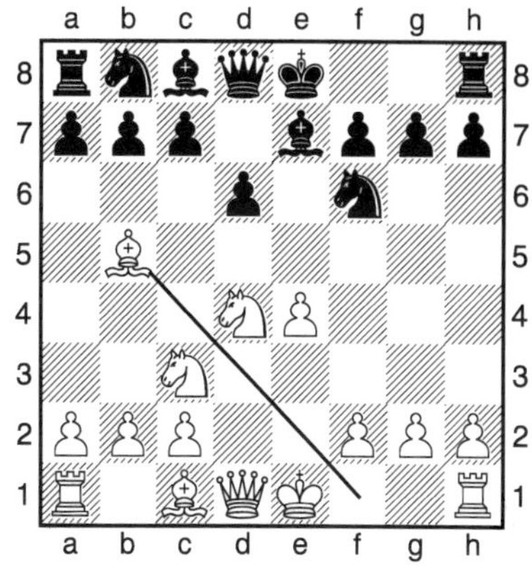

Dieses Schachgebot bringt augenblicklich überhaupt nichts ein. Schwarz antwortet einfach **1...c6** und der angegriffene Läufer muss zurückweichen.

4) 1.♕f3

Die Dame sollte nicht so früh ins Spiel gebracht werden. Denn nach einem früher oder später erfolgenden Angriff durch die schwarzen Figuren geht wertvolle Zeit verloren.

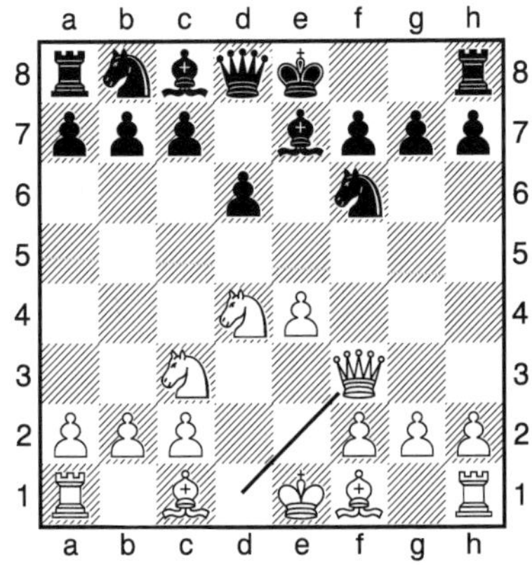

Was würdest du als Schwarzer spielen?

1) 1...e6

2) 1...dxc4

3) 1...♕a5+

4) 1...♘e4

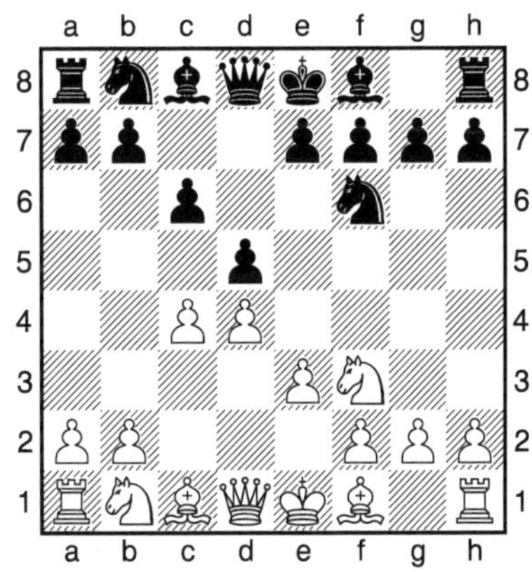

1) 1...e6

Das ist ein guter Zug, denn er ermöglicht die Entwicklung des Königsläufers und die anschließende Sicherung des Königs.

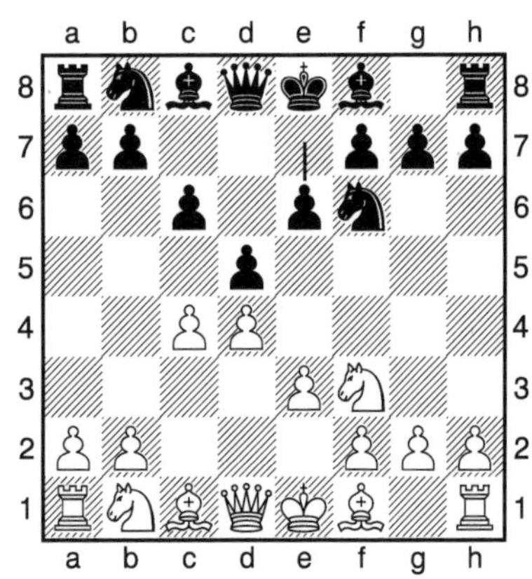

2) 1...dxc4

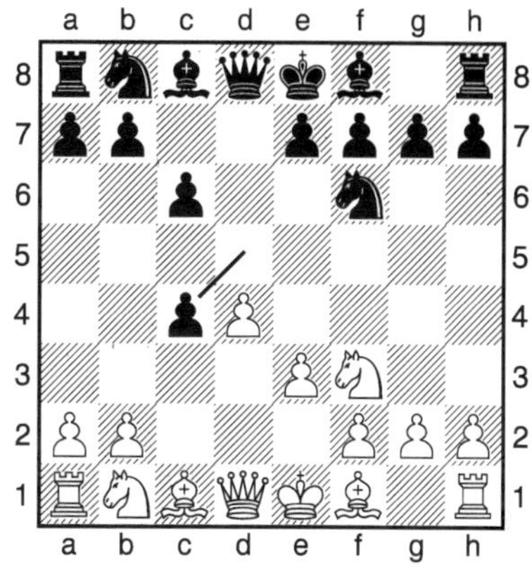

Diesen Bauern zu nehmen ist an sich nicht schlecht – aber das Problem besteht darin, dass der Zug der Entwicklung des Gegners zugute kommt. Weiß kann einfach mit **2.♗xc4** fortsetzen und den Läufer in ein gute Stellung bringen. Der Tausch hat also nicht dazu beigetragen, schwarze Figuren ins Spiel zu bringen.

3) 1...♕a5+

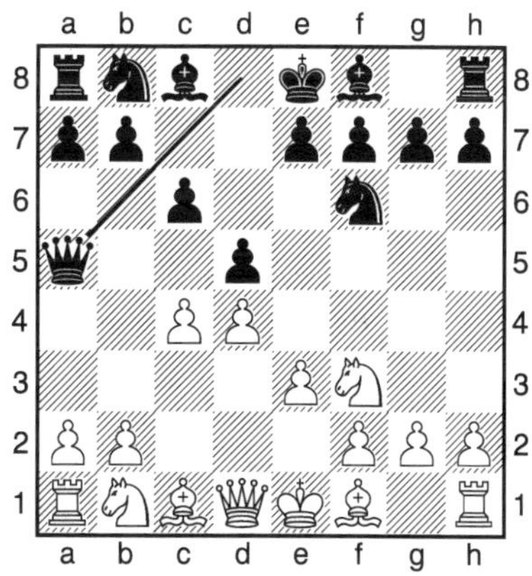

Das ist ein ärmlicher Zug, denn ein Schachgebot bedeutet noch lange nicht, dass ein Zug auch stark ist. Weiß pariert das Schach mit **2.♗d2** und die Dame muss sofort wieder wegziehen.

4) 1...♘e4

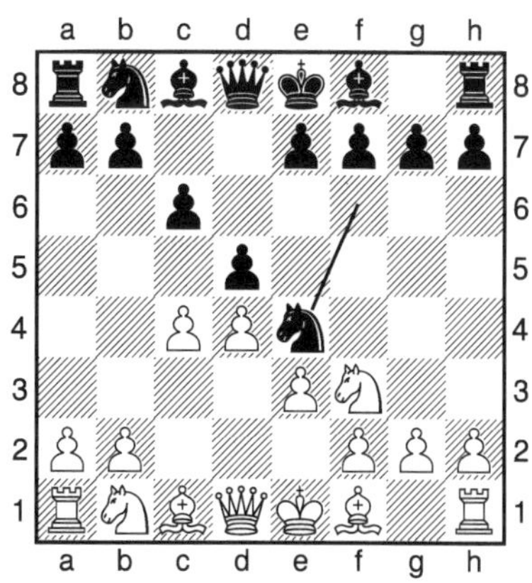

Auch das ist ein zweifelhafter Zug, denn in der Eröffnung ist es nicht gut, eine Figur mehr als einmal zu bewegen, es sei denn, es gibt einen guten Grund dafür. Andernfalls könnte es nämlich zu lange dauern, bis du deine ganze Truppe einsetzen kannst.

Regel 3

Rochiere so schnell wie möglich!

Wenn du deine Figuren ins Spiel bringst, solltest du nicht vergessen, so schnell wie möglich zu rochieren.

Am Spielbeginn findet oft ein scharfer Kampf ums Zentrum statt, bei dem es bereits darum geht, welche Seite im späteren Verlauf das Brett beherrschen wird. Obwohl der König deine wichtigste Figur ist (wird er matt gesetzt, ist die Partie verloren), ist er zugleich deine schwächste. Und da er bei Partiebeginn sowieso nichts zum Kampf um das Zentrum beitragen kann, sollte er so schnell wie möglich in Sicherheit gebracht werden. Zu diesem Zweck musst du einen speziellen Zug kennen, an dem der König beteiligt ist und der *Rochade* genannt wird.

Wenn sich weder der König noch der Königsturm bewegt hat, ist die *Rochade* zum Königsflügel möglich. Zu diesem Zweck darf sich der König ausnahmsweise zwei Felder weit bewegen und direkt neben den Turm ziehen. Danach springt der Turm sozusagen über den König und kommt auf der anderen Seite zu stehen. Dieses ganze Manöver gilt als ein einziger Zug.

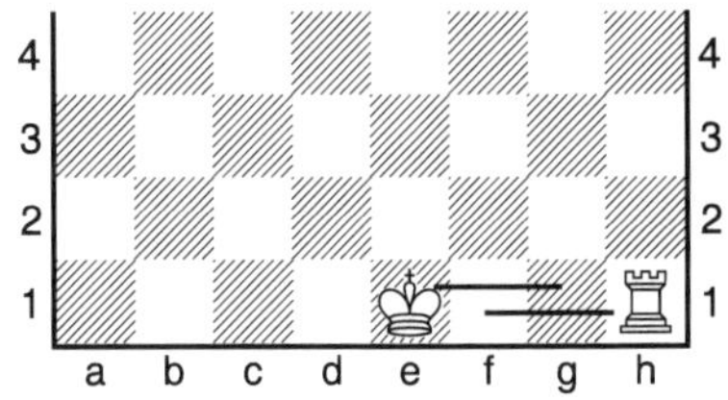

Die *Rochade zum Königsflügel* wird *kurze Rochade* genannt und in der Notation mit *0-0 aufgeschrieben.* Natürlich kann man auch auf die andere Seite *rochieren*. Dieses Manöver nennt man *lange Rochade* und es wird mit *0-0-0* aufgeschrieben.

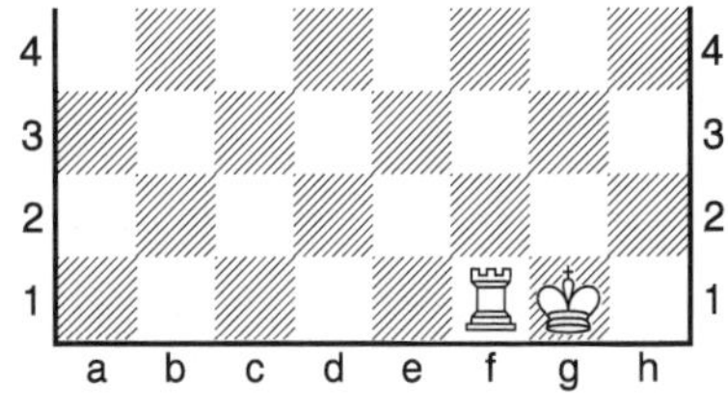

Die Wichtigkeit der Rochade kann gar nicht genug betont werden. Denn einerseits steht dein König an einem der Flügel sicherer und andererseits kann einer deiner Türme schnell in den Kampf ums Zentrum eingreifen.

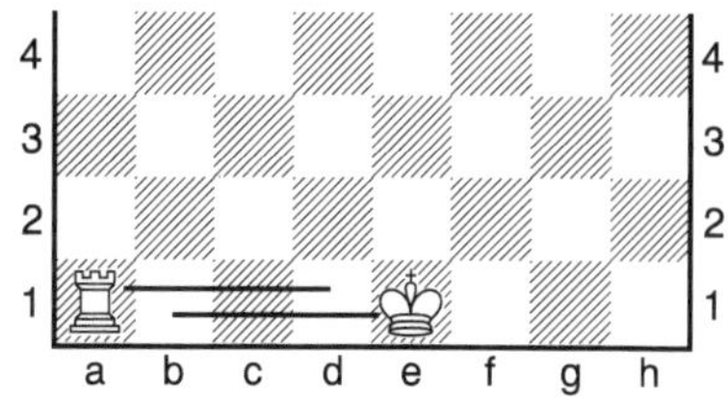

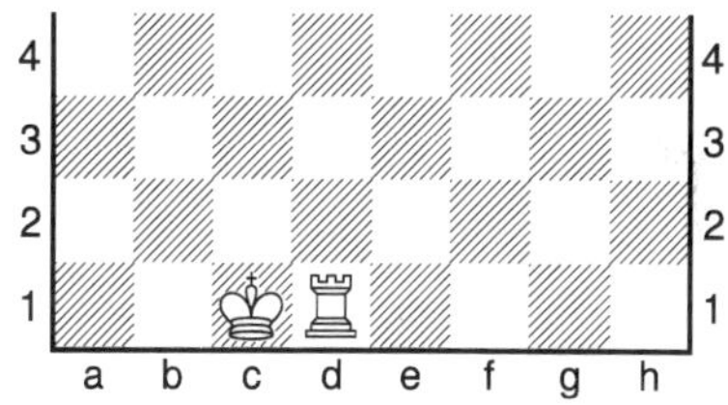

Diagramm 3

Nun werden wir einige Stellungen anschauen, die dir vor Augen führen, wie sinnvoll die Rochade ist. In der ersten hat Schwarz gerade **1...♕e7** gespielt und greift nun den weißen Zentrumsbauern an. Statt jedoch diesen Bauern irgendwie zu decken, zieht Weiß einfach **2.0-0** und *rochiert*. Denn falls Schwarz den Bauern nun mit **2...♕xe4** nimmt, wird Weiß die schwarze Dame gewinnen. Und zwar wie? (Lösung Seite **126**)

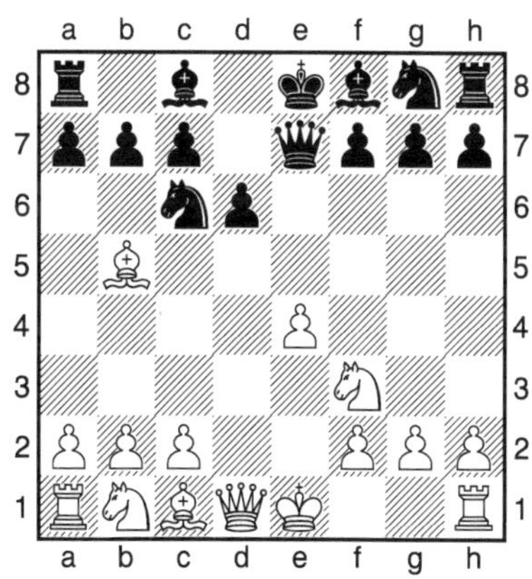

Als ich angefangen habe, Schach zu spielen, war mein Vorbild der amerikanische Weltmeister Bobby Fischer. Eine seiner Eröffnungsvarianten habe ich oft erfolgreich angewandt. In dieser gibt es nämlich eine böse Falle, wie wir in der folgenden Beispielpartie sehen werden.

1. e4 e5

Beide Spieler besetzen das Zentrum auf traditionelle Weise mit einem Bauern.

2. ♘f3

Der Springer wird herausgebracht (oder *entwickelt*, wie man in der Schachsprache sagt) – und zwar auf ein gutes Feld, von dem aus er auf das Zentrum wirkt und einen Bauern angreift.

2. ... ♘c6

Das ist ein guter Zug, denn er verteidigt den Bauern und entwickelt einen Springer.

3. ♗b5

Der weiße Läufer übt Druck auf den Springer aus, welcher den Zentrumsbauern auf e5 schützt.

Diese Eröffnung wurde von *Ruy Lopez de Segura* entwickelt, einem spanischen Priester aus dem 16. Jahrhundert, der zu den führenden Schachmeistern seiner Zeit gehörte. Zu seinen Ehren wird sie *Spanisch* genannt und ist noch

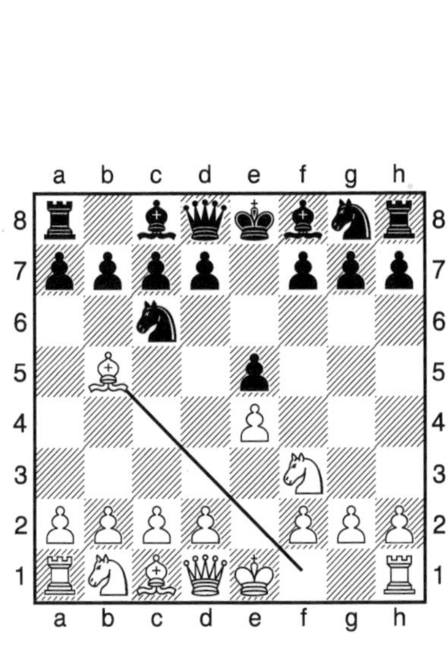

heute eine der beliebtesten Eröffnungen. (Sein anderer bemerkenswerter Beitrag zur Schachgeschichte war der Ratschlag, man möge das Brett so aufstellen, dass die Sonne die Augen des Gegners blendet – aber ich habe darauf verzichtet, diesen in die Liste meiner goldenen Regeln aufzunehmen.)

3. ... a6

Schwarz stellt die gegnerischen Absichten auf die Probe. Möglich wäre selbstverständlich auch die Entwicklung einer Figur mit 3...♘f6 oder 3...♗c5.

4. ♗xc6

Diese Spielweise (die sogenannte 'Abtauschvariante') wandte Bobby Fischer oft erfolgreich an. Natürlich ist auch der Rückzug **4.♗a4** spielbar.

4. ... dxc6

Dies war ein gewöhnlicher Abtausch: Weiß hat den Läufer (Wert 3 Punkte) für den Springer (Wert ebenfalls 3 Punkte) hergegeben.

Nun könnte Weiß den Bauern auf e5 erobern, aber das wäre nicht ratsam. Nach **5.♘xe5 ♕d4** sind Springer und Bauer bedroht, und falls der Springer sich zurückzieht, z.B. mit **6.♘f3**, antwortet Schwarz **6...♕xe4+** und der weiße König

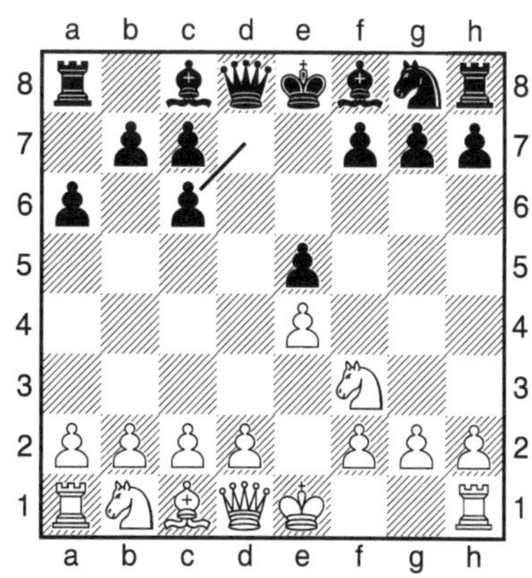

wird so oder so sein Rochaderecht verlieren und muss auf unbestimmte Zeit in der Mitte bleiben. Denke daran, dass der König sich aus der Mitte entfernen und Schutz an einem der Flügel suchen sollte. Und dieser Regel bleibt Bobby Fischer treu, statt sich auf irgendwelche Abenteuer einzulassen.

5. 0-0

Nun ist der schwarze Bauer in der Mitte wirklich bedroht, denn auf irgendeinen unachtsamen Zug würde 6.♘xe5 ♕d4 7.♘f3 ♕xe4 8.♖e1 mit Damengewinn folgen.

Schwarz kann den *e-Bauern* auf verschiedene Art verteidigen, zum Beispiel mit 5...♗d6 oder 5...f6. Außerdem gibt es aber den hinterlistigen Zug 5...♗g4.

(Dazu erfährst du später mehr in dem Kapitel über *Fesselungen* in der **6. Goldenen Regel** zum Thema *Taktik*.)

An dieser Stelle wählten einige meiner Gegner statt eines Verteidigungszugs einen Gegenangriff. Dies ist zwar normalerweise eine gute Spielweise, jedoch an dieser Stelle ein Fehler.

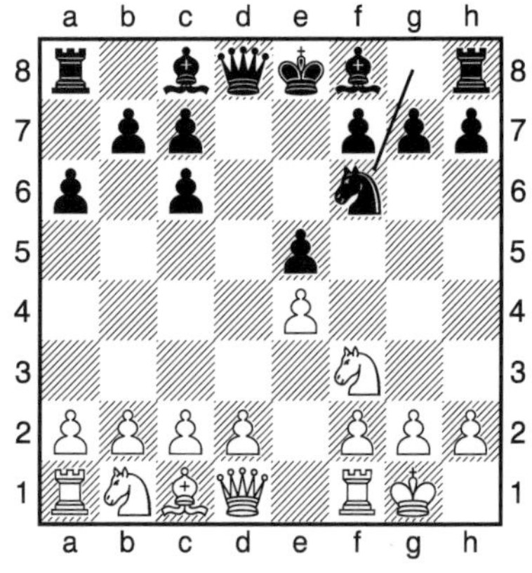

5. ... ♘f6

6. ♘xe5 ♘xe4

7. ♖e1

Nun kommt der Turm mit tödlicher Wucht ins Spiel. Schwarz ist in eine Falle gelaufen, denn wenn sich der Springer zurückzieht, kann Weiß den entscheidenden Schlag ausführen.

7. ... ♘f6

8. ♘xc6+

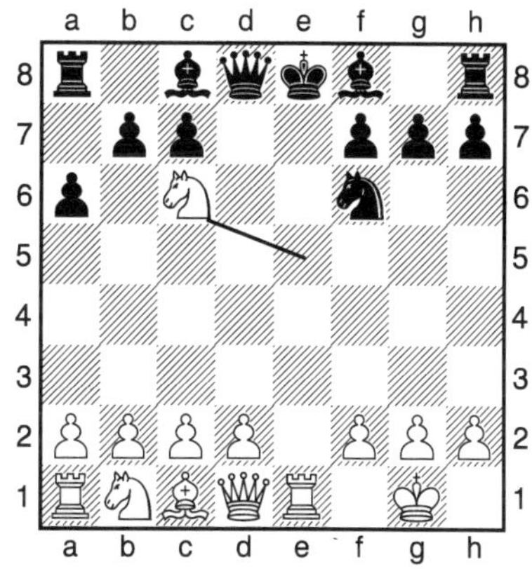

Durch den Abzug des Springers bietet der Turm dem König Schach, während der Springer selbst die Dame bedroht. Schwarz *muss* das Schach abwehren, z.B. mit **8...♗e6**, und somit den Damengewinn **9.♘xd8** erlauben. Das genügt natürlich, um das Spiel zu gewinnen.

Das war ein typisches Beispiel dafür, was passieren kann, wenn eine Seite bereits in der Eröffnung aktiv wird, bevor der König rochiert hat.

Beachte, wie in den bisherigen Abschnitten die ersten drei Regeln zusammenhängen. **Regel 1** (Eröffne mit einem Zentrumsbauern!) gibt Weiß eine gewisse Kontrolle über das Zentrum und bereitet die Entwicklung eines Läufers vor. **Regel 2** (Bringe deine Figuren ins Spiel!) rät zur Entwicklung von Läufer und Springer und bereitet die Rochade vor. Und **Regel 3** (Rochiere so schnell wie möglich!) sorgt dafür, dass ein Turm ins Zentrum und der König in Sicherheit gelangen kann.

Unter bestimmten Bedingungen ist die Rochade nicht möglich, selbst wenn König und Turm noch nicht gezogen haben.

Schwarz am Zug darf hier nicht kurz rochieren, weil es dem König nicht gestattet ist, ein Feld zu überqueren, das von einer gegnerischen Figur kontrolliert wird – hier also das Feld f8, welches vom Läufer a3 kontrolliert wird. Allerdings steht es dem Schwarzen frei, auf die Damenseite zu rochieren. Und tatsächlich wäre dies der beste Zug, weil er den König aus der Mitte bringt, bevor ihm dort irgendein Leid zugefügt wird.

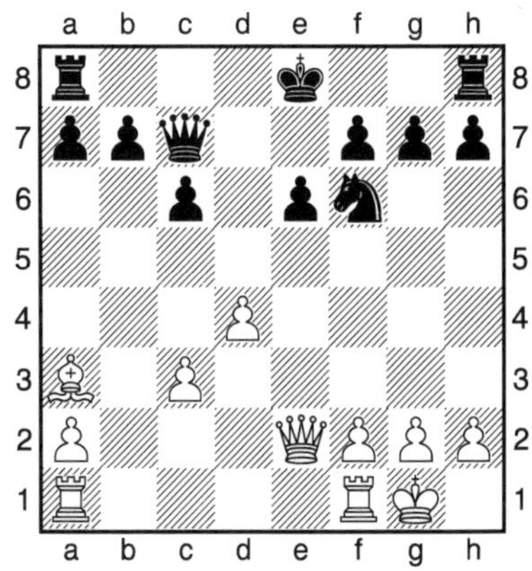

Darf Schwarz hier rochieren?

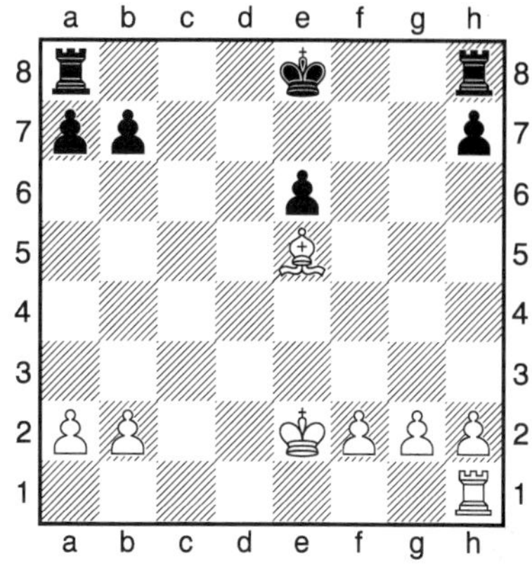

1) Er darf lang rochieren.

2) Er darf kurz rochieren.

3) Er darf nach beiden Seiten rochieren.

4) Er darf überhaupt nicht rochieren.

Hier darf Schwarz in beide Richtungen rochieren (am besten 0-0, weil sonst ja der Turm auf h8 hängt), obwohl der Läufer den Königsturm angreift und ein Feld kontrolliert (b8), welches der Damenturm bei der langen Rochade überqueren müsste. Wichtig ist nur, dass sich der schwarze König noch nicht bewegt hat. Auch wenn er im Schach steht oder wenn er nach der Rochade im Schach stehen würde, ist die Rochade regelwidrig.

Hier ist Weiß am Zug. Dame, Springer und Läufer haben schon starke Angriffspositionen eingenommen, aber der König befindet sich noch in der Brettmitte und die Türme stehen noch in den Ecken herum. Offenbar kann Weiß das Problem mit der Rochade lösen. Aber auf welche Seite?

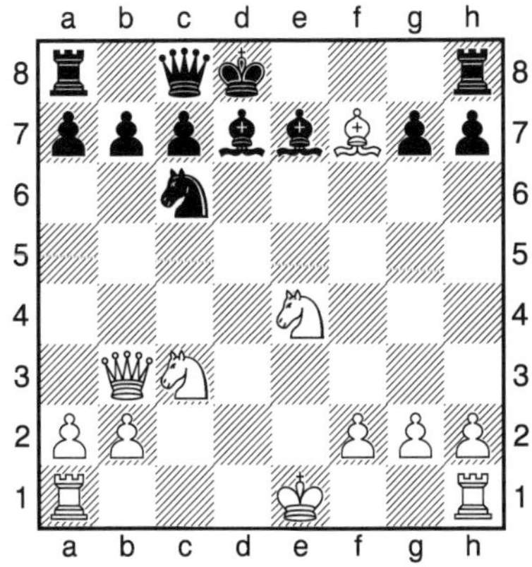

1) Weiß sollte lang rochieren.

2) Weiß sollte kurz rochieren.

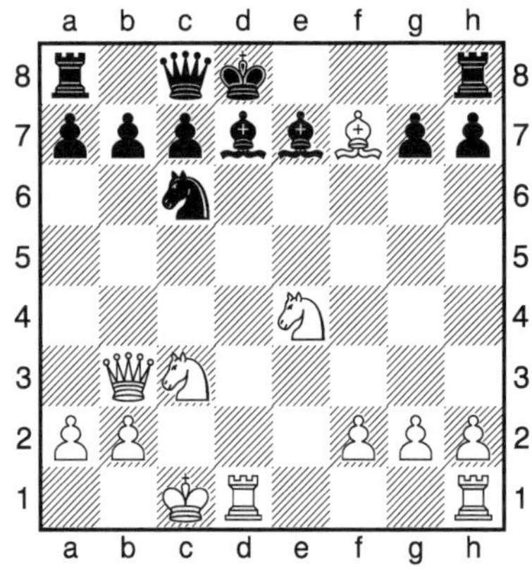

Ohne Zweifel ist die lange Rochade der beste Zug, denn der Eckturm gelangt ins Zentrum und steht sofort dem schwarzen König gegenüber. Obwohl der Läufer auf d7 dem Angriff noch im Weg steht, wird es nicht lange dauern, bis Weiß durchdringt, denn der schwarze König kann nicht mehr flüchten.

Wenn ich die ersten drei Regeln beschreibe, denke ich immer an eine ganz bestimmte Partie, und wieder einmal war es Bobby Fischer, der uns den richtigen Weg weist. In einer Freundschaftspartie zeigt der frühere Weltmeister sein großartiges Angriffskönnen.

Robert Fischer – Reuben Fine

New York 1963

1. e4

Diesen Zug spielte Fischer während seiner gesamten Karriere fast ausschließlich, schließlich hatte auch er an deren Beginn gelernt: Eröffne mit einem Zentrumsbauern, um Raum für deine Figuren zu bekommen und deren Entwicklung vorzubereiten.

1. ... e5

Schwarz kopiert den gegnerischen Zug, denn für ihn gelten ja ein und dieselben Regeln.

2. ♘f3

Der Springer kommt ins Spiel und bedroht einen Bauern.

2. ... ♘c6

Auch Schwarz entwickelt einen Springer und verteidigt den Bauern. Nun wäre 3.♘xe5 ein ganz schlechtes Geschäft, denn nach 3...♘xe5 hätte Schwarz drei Punkte gewonnen, Weiß jedoch nur einen. Stattdessen bringt Fischer seinen Läufer heraus.

3. ♗c4

In einem früheren Beispiel haben wir den Zug **3.♗b5** gesehen (die 'Spanische Eröffnung' oder kurz: Spanisch). Die Entwicklung des Läufers nach c4 ist eine genauso gute Alternative, denn beide Züge sind im Einklang mit unserem Ratschlag, eine Figur zu entwickeln und somit Einfluss auf das Zentrum zu nehmen.

3. ... ♗c5

Wieder kopiert Schwarz den gegnerischen Zug. Nun verfügt Weiß über eine ganze Reihe spielbarer Züge, z.B. **4.♘c3**, um eine weitere Figur Richtung Zentrum zu führen – **4.d3**, um die Entwicklung des anderen Läufers vorzubereiten – oder einfach **4.0-0**, um den König aus dem Zentrum zu bringen.

Fischer wählt eine dynamischere Fortsetzung und bietet ein Bauernopfer an, um seine Entwicklung zu beschleunigen.

4. b4

Wenn du nun denkst, Schwarz könne den Bauern doch einfach schlagen – Glückwunsch – denn da hast du vollkommen recht. Jedoch ist das Ganze nicht so klar, wie es auf den ersten Blick aussieht.

Der Zug 4.b4 leitet eine Eröffnung namens 'Evans Gambit' ein, benannt nach dem englischen Kapitän W. D. Evans, der diese vor sehr langer Zeit (nämlich 1824) erstmals spielte. Dabei ist sie gar nicht so altmodisch, wie es den Anschein hat, denn noch Ende des letzten Jahrhunderts errang der damalige Weltmeister Garry Kasparow damit eine ganze Reihe wunderschöner Siege.

Was ist ein Gambit?

Bei einem *Gambit* opfert man in der Eröffnung einen Bauern oder manchmal sogar eine ganze Figur, um dafür einen anderen Vorteil zu bekommen. Das Wort stammt aus der italienischen Sprache und bedeutet so viel wie *ein Bein stellen*. Tatsächlich sind Gambits stets sehr trickreich, weil so mancher gerne Material gewinnt, ohne an die späteren Folgen zu denken.

4. ... ♗xb4

Schwarz schnappt sich den ersten Bauern.

5. c3

Der Bauer greift den Läufer an und zwingt ihn zum Rückzug.

5. ... ♗a5

6. d4

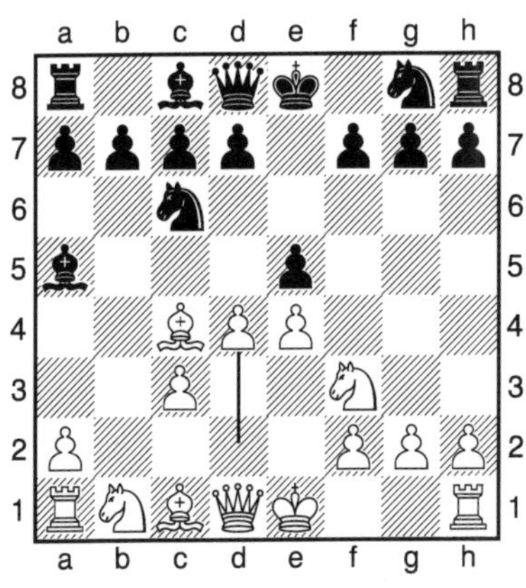

Fischer treibt seinen Bauern ins Zentrum und öffnet somit Linien für seine Figuren.

6. ... exd4

Schwarz schnappt sich auch den zweiten Bauern. Aber Vorsicht! Denn was ist mit unseren ersten drei Faustregeln?

7. 0-0

Hier kann Weiß natürlich nicht mit dem Bauern c3 auf d4 schlagen, weil der König ja keinem Schachgebot ausgesetzt werden darf. Stattdessen bringt Fischer diesen in Sicherheit und befolgt somit unsere **Regel Nr. 3**: Rochiere so schnell wie möglich! Und diese Maßnahme wird sich schon bald als eine Art Vorentscheidung herausstellen.

7. ... dxc3

Aus purer Habgier und unter krasser Missachtung der **Goldenen Regeln** verleibt Schwarz sich auch noch den dritten Bauern ein. Aber wie steht's mit der Figurenentwicklung? Was ist mit der Rochade? Für solche Unbekümmertheit (oder zutreffender: für solche Ignoranz) muss Schwarz teuer bezahlen.

8. ♕b3

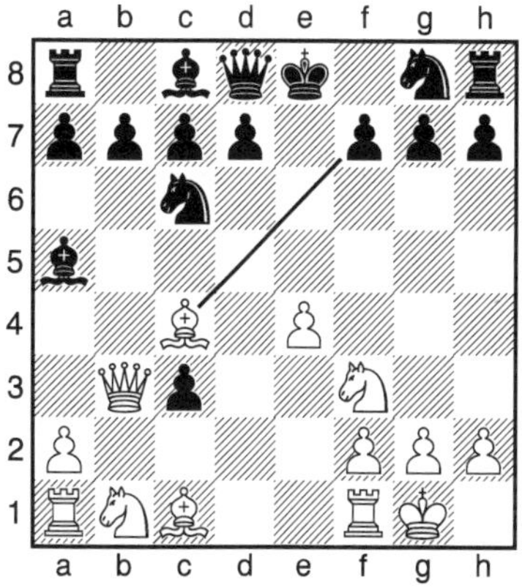

Mit diesem Zug der Dame beginnt der Angriff. Zusammen mit dem Läufer bildet sie eine sogenannte 'Batterie' (das heißt: zwei oder mehr Figuren wirken gemeinsam auf einer Linie oder einer Diagonale und greifen ein und dasselbe Ziel an). Angesichts der Drohung 9.♗xf7+ schwebt der schwarze König in größter Gefahr.

Merke: Hat sich der König bewegt, kann er nicht mehr rochieren und wird künftig einem Angriff in der Brettmitte ausgesetzt sein.

8. ... ♕e7

Die Dame verteidigt den Bauern und 9.♗xf7+ würde nach 9...♕xf7 zu Materialverlust führen.

9. ♘xc3

Einer der geopferten Bauern wird zurückerobert und gleichzeitig greift der Springer ins Spiel ein. Natürlich könnte der Springer nun mit 9...♗xc3 geschlagen werden, aber nach 10.♕xc3 wäre sogleich der Bauer auf *g7* angegriffen.

9. ... ♘f6

Schwarz entwickelt den Springer und bereitet die Rochade vor – aber dafür ist es bereits zu spät.

10. ♘d5

Weiß nutzt die Tatsache, dass er mehr Figuren entwickelt hat, für einen tödlichen Angriff. Schwarz muss die Bedrohung der Dame durch den Springer parieren und tauscht ihn deshalb ab.

10. ... ♘xd5

11. exd5

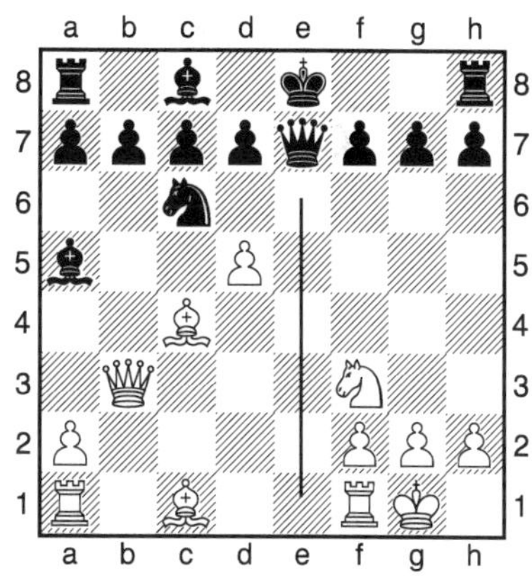

Nun greift der Bauer den Springer auf c6 an und zwingt diesen zu einem Zug. Von entscheidender Bedeutung ist aber, dass die e-Linie geöffnet wurde, denn diese führt ja zum schwarzen König!

11. ... ♘e5

12. ♘xe5 ♕xe5

Anscheinend ein gleicher Abtausch, da beide Parteien einen Springer hergaben. Aber Weiß wünschte sich, die schwarze Dame ins Zentrum zu lotsen, um sie als Zielscheibe zu benutzen.

13. ♗b2

Der Läufer kommt ins Spiel und greift sofort die schwarze Dame an.

13. ... ♕g5

Vergleiche einmal die Stellungen beider Seiten. Weiß hat beide Läufer und die Dame entwickelt, die Türme stehen zum Einsatz bereit und der König hat rochiert und ist gut versteckt. Derweil hat Schwarz ein paar kaum zu übersehende Probleme. Nur die Dame und ein Läufer sind im Spiel, aber viel wichtiger ist, dass der König immer noch in der Mitte steht. Wäre Schwarz am Zug, sähe es nicht ganz so düster aus, denn die kurze Rochade würde das Hauptproblem lösen und zudem die zwei Mehrbauern halten.

Allerdings ist Weiß am Zug und sucht einen Weg, wie er den schwarzen König weiter im Zentrum festhalten kann, denn in der Eröffnung steht Zeit an erster Stelle.

14. h4

Fischer gibt einen weiteren Bauern auf, den er jedoch gleich zurückgewinnt.

14. ... ♕xh4

15. ♗xg7

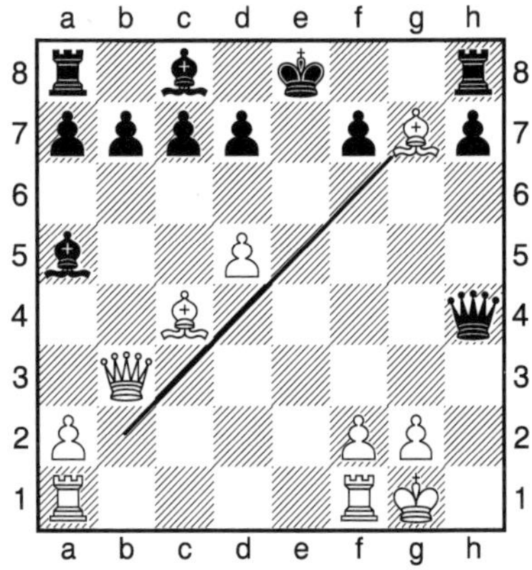

Das ist die Pointe. Der Läufer greift den Turm an und erzwingt den folgenden Zug.

15. ... ♖g8

Nachdem der Turm gezogen hat, kann der schwarze Monarch nicht mehr kurz rochieren. Und da er nach dem folgenden Zug auch die lange Rochade vergessen kann, können die weißen Angreifer mit ihm beliebig Katz und Maus spielen.

16. ♖fe1+ ♔d8

Natürlich geht auch 16...♗xe1, aber das liefe nach 17.♖xe1+ auf dasselbe Ergebnis hinaus. Hier kannst du erkennen, wie wichtig es ist, die Türme zu verbinden, so dass sie sich gegenseitig schützen und zusammenarbeiten können. Und das kannst du nur bewerkstelligen, wenn du deine Figuren entwickelst (**Regel 2**) und rochierst (**Regel 3**)!

17. ♕g3

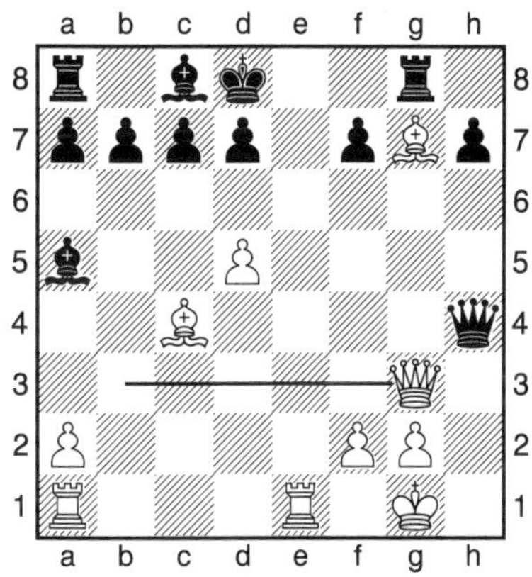

Hier gab Schwarz auf, denn das Matt ist nicht zu verhindern – z.B. 17...♕xg3 18.♗f6#.

Die Schlussstellung zeigt eindrucksvoll das Ergebnis der weißen Strategie: Alle Figuren helfen beim Angriff, während die Habgier von Schwarz dazu geführt hat, dass einige Figuren gar nicht ins Spiel gekommen sind.

Um den ersten Teil (über die *Eröffnung*) abzurunden, hier noch einige Übungsbeispiele, damit du testen kannst, wie gut du die ersten drei 'Goldenen Regeln' verstanden hast.

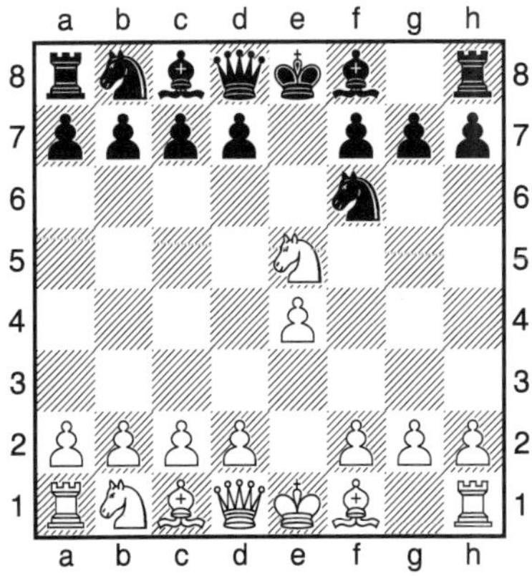

Frage: Ist es für Schwarz vernünftig, den letzten weißen Zug (3.♘xe5) zu kopieren und mit **3...♘xe4** fortzusetzen?

Antwort: Nein! Die sture Nachahmung der gegnerischen Züge führt meistens zum Nachteil, wofür diese Stellung als klassisches Beispiel angesehen werden kann. Nach **4.♕e2** gerät Schwarz schon in Bedrängnis, denn nach dem Rückzug 4...♘f6 gewinnt das *Abzugsschach* 5.♘c6+ die schwarze Dame (ein Motiv, das bereits vorgestellt worden ist). Folgt Schwarz mit **4...♕e7** dem Kopiersystem, so verliert er nach **5.♕xe4 d6 6.d4 dxe5 7.dxe5** einen wichtigen Bauern. Und **4...d5** führt nach **5.d3 ♕e7 6.dxe4 ♕xe5 7.exd5** zum selben Resultat.

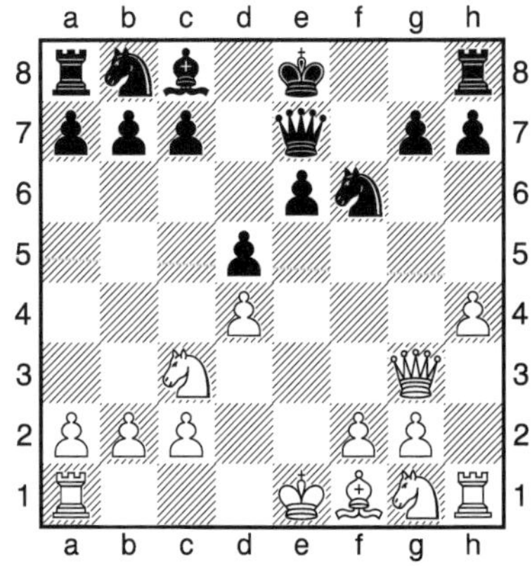

Frage: Ist es für Schwarz ratsam, mit **1...♘e4** vorzupreschen?

Antwort: Sicherlich nicht. Zwar wird die weiße Dame angegriffen, aber das kann man mit **2.♘xe4 dxe4** leicht parieren und nach **3.0-0-0** steht der König sicher und Weiß hat die bessere Stellung.

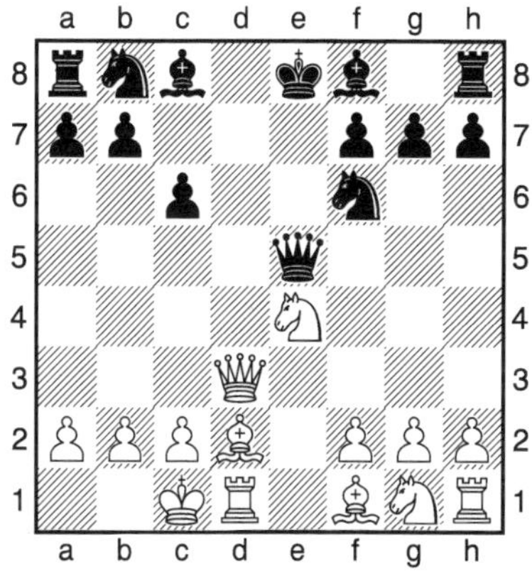

Frage: Womit soll Schwarz den weißen Springer schlagen?

1) Mit der Dame.

2) Mit dem Springer.

Antwort: Reingefallen! Denn beide Antworten sind falsch. Nach **1...♕xe4 2.♖e1** verliert Schwarz die Dame, weil diese mit dem König auf derselben Linie steht. Diese Art von Fesselung ist ein häufig vorkommendes Eröffnungsthema.

Auch **1...♘xe4** verliert – und das sogar auf spektakuläre Art und Weise. Das Damenopfer **2.♕d8+!!** entpuppt sich als wahrer Killerzug, denn er erzwingt bereits das Matt. **2...♔xd8 3.♗g5+** (Doppelschach durch Läufer und Turm) und jetzt **3...♔c7 4.♗d8#** oder **3...♔e8 4.♖d8#**.

Die Moral lautet also: Entferne deinen König so schnell wie möglich aus dem Zentrum und bringe ihn in Sicherheit, denn dann bleiben dir solche Katastrophen erspart. Statt den Springer zu nehmen, ist übrigens ein einfacher Entwicklungszug wie z.B. **1...♗e7** vorzuziehen, um die Rochade vorzubereiten.

Außerdem ist es in der Eröffnung sehr wichtig, nicht ohne guten Grund mehr als einmal mit ein und derselben Figur zu ziehen.

Frage: Würdest du Weiß in dieser Stellung zur Rochade raten?

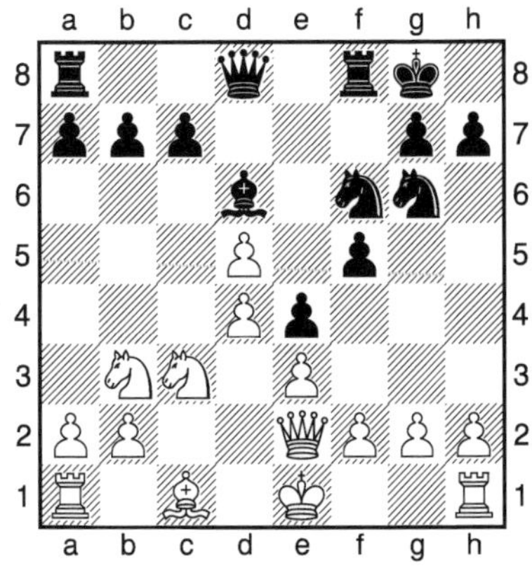

Antwort: Nein. In den meisten Fällen ist die Rochade in Ordnung, aber hier wäre sie ein Fehler. Denn wirf mal einen Blick darauf, wie die schwarzen Figuren an genau dem Flügel versammelt sind, an dem der weiße König zu stehen käme. Man könnte sage, dass sie ge-radezu auf ein Angriffssignal warten.

Tatsächlich holt Schwarz nach **1.0-0** mit dem Figurenopfer **1...♗xh2+** zum tödlichen Schlag aus. Nach **2.♔xh2 ♘g4+** wird der König matt gesetzt – und zwar ganz egal, wohin er läuft. Nämlich **3.♔g3 ♕h4#** oder **3.♔g1 ♕h4** (mit der unmittelbaren Drohung 4...♕h2+), und auf **4.♖d1** folgt **4...♕h2+ 5.♔f1 ♕h1#**.

Statt in einen Angriff hineinzurochieren, sollte Weiß mit **1.♗d2** die lange Rochade vorbereiten.

Die bisherigen Lektionen sollen dich dazu anregen, gründlich über die bisher besprochenen **Faustregeln** nachzudenken. Präge sie dir gut ein, aber befolge sie nicht blindlings, denn wie heißt es so schön? – Im Schach gibt es eintausend Regeln und eine Million Ausnahmen.

Teil 2 – Das Mittelspiel

Einführung

Wenn du die ersten drei Regeln befolgt hast, müssten deine Figuren durch Entwicklungszüge ins Spiel und dein König durch die Rochade in Sicherheit gebracht worden sein. Aber wie geht es nun von hier aus weiter?

Zwei Wege können zum Vorteil und im Idealfall zum Gewinn führen. Die direkteste Methode besteht darin, im Mittelspiel auf den gegnerischen König loszugehen, um ihn im Idealfall matt zu setzen. Die weniger direkte Methode sieht so aus, dass man genügend gegnerische Steine erobert, um ihn so machtlos zu machen, dass er einem abschließenden Mattangriff nicht mehr widerstehen kann.

Da die meisten Spieler heutzutage wissen, dass man den König gut schützen muss, kommt meistens die zweite Methode zur Anwendung, die als *Materialschach* bezeichnet wird. Und dies führt uns zur **4. Goldenen Regel.**

Regel 4

Halte nach Beute Ausschau!

Wenn du am Zug bist, halte immer Ausschau, ob du etwas vom gegnerischen Besitz erobern kannst! Um solche Möglichkeiten schnell zu erkennen, muss man ein ein *gutes Auge* für die Wahrnehmung des gesamten Bretts entwickeln. Die dafür notwendigen Fertigkeiten kommen aber nicht über Nacht, sondern sie bilden sich im Laufe der Zeit durch häufiges Spielen. Nur erfahrene Spieler haben stets auch Dinge im Blick, die nicht leicht erkennbar auf der Hand liegen.

Auf den folgenden Seiten gibt es drei Blöcke mit jeweils sechs Aufgaben. Im ersten Block (Seite 45-46) kannst du jeweils gegnerisches Material erbeuten, wenn du den richtigen Zug findest.

Im zweiten Block (Seite 49-50) ist der Materialgewinn etwas schwieriger. So hast du in einigen Stellungen die Wahl, welcher Stein erobert werden sollte – in anderen geht es um die grundsätzliche Entscheidung, ob sich ein solcher Fang überhaupt lohnt.

Und im dritten Block (Seite 53-54) wird's noch verzwickter. Oft wird ein gegnerischer Stein mehrfach angegriffen und mehrfach verteidigt, was zu der Frage führt, ob dieser gefahrlos einkassiert werden kann.

Einfache Übungen

Suche in den folgenden sechs Diagrammen den erfolgreichen Beutezug.

(Lösungen direkt im Anschluss)

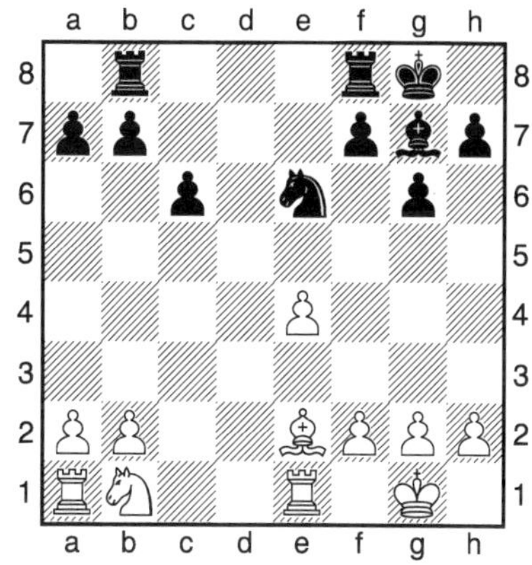

Schwarz zieht

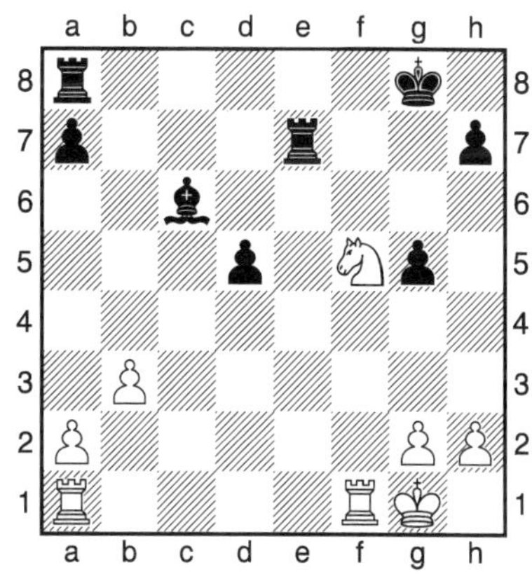

Weiß zieht

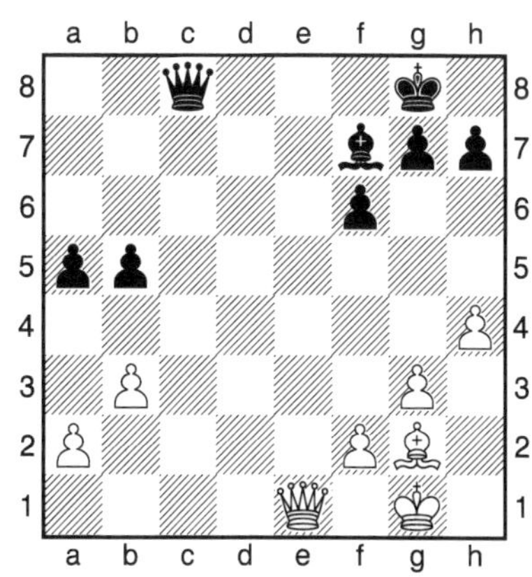

Weiß zieht

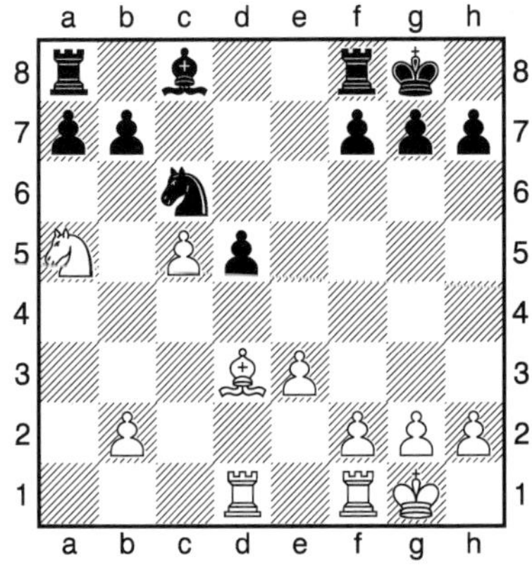

Schwarz zieht

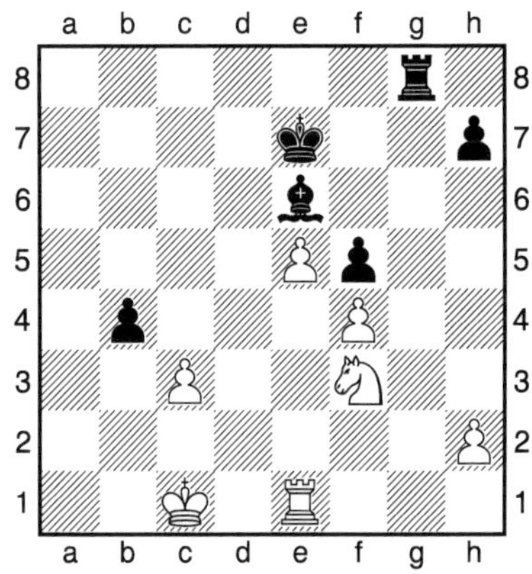

Weiß zieht

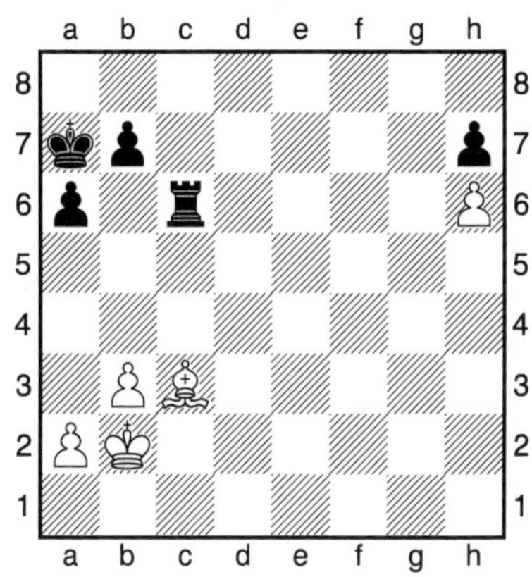

Schwarz zieht

Lösungen:

1...♝xb2

Dieser lange Läuferzug gewinnt zunächst einen Bauern – und dann einen ganzen Turm.

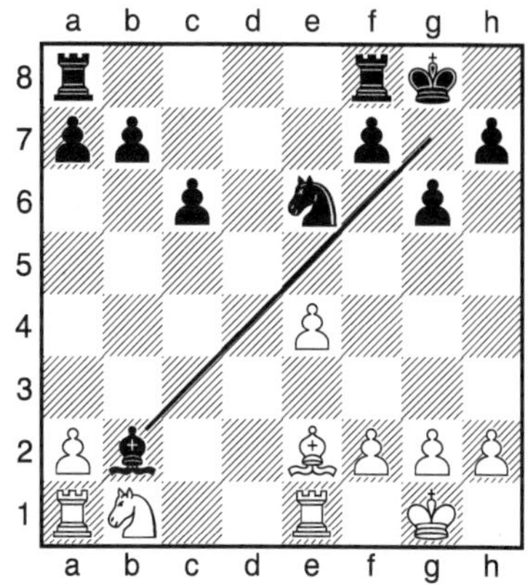

1.♘xe7+

Der Springer schlägt den Turm mit Schachgebot und erobert zum guten Schluss auch noch den Läufer.

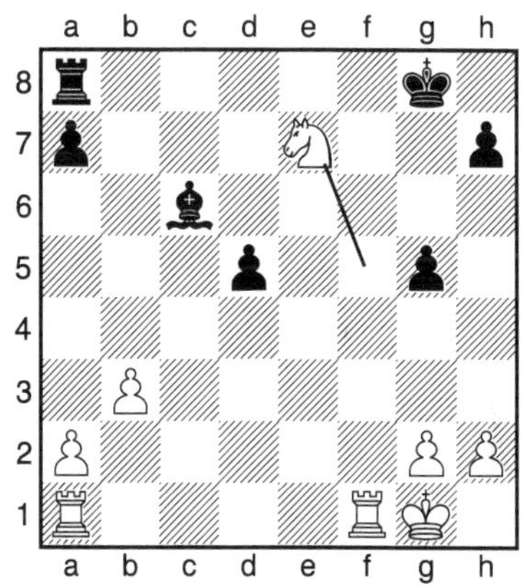

1.♕xa5

Die Dame wendet sich nach links und erobert einen Bauern.

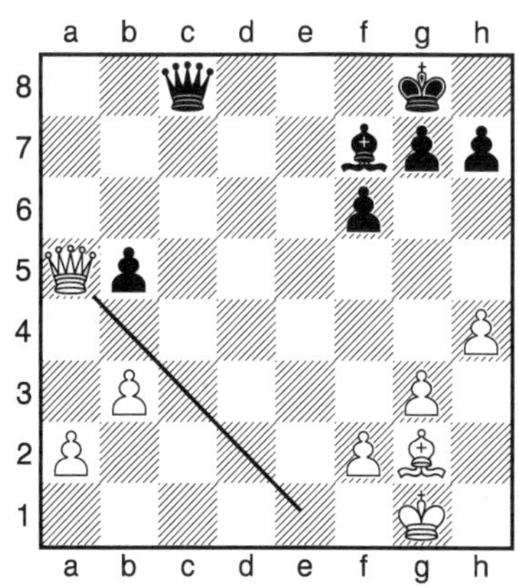

1.♘xa5

Der Springer erobert seinen gegnerischen Artgenossen.

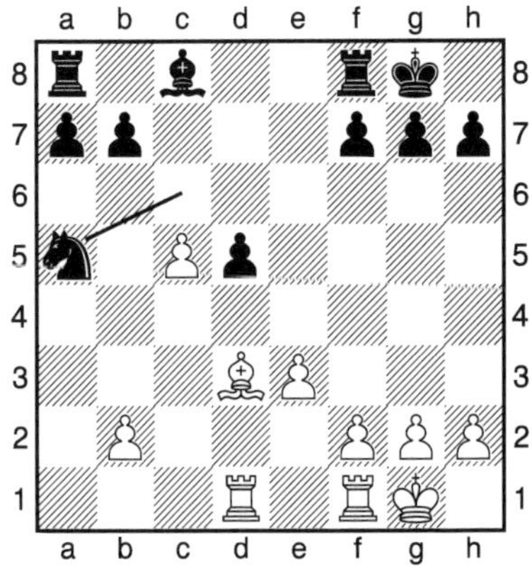

1.cxb4

Der weiße Bauer erobert einen gegnerischen.

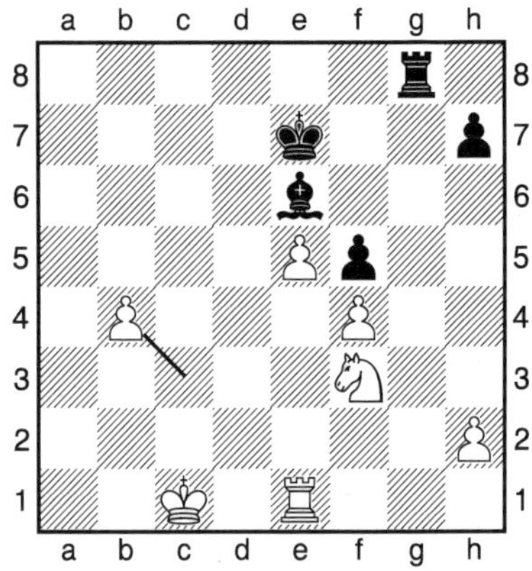

Der Turm kann den Läufer auf c3 oder den Bauern auf h6 schlagen. Was ist besser? Schau mal auf die Tabelle (Seite 22), die den Wert der Steine anzeigt. Im ersten Fall würde der Turm unmittelbar vom König geschlagen. Da der Turm fünf, der Läufer aber nur drei Punkte wert ist, sollte Schwarz diesen Zug unterlassen. Deutlich besser ist es, mit **1...♖xh6** den Bauern zu schlagen.

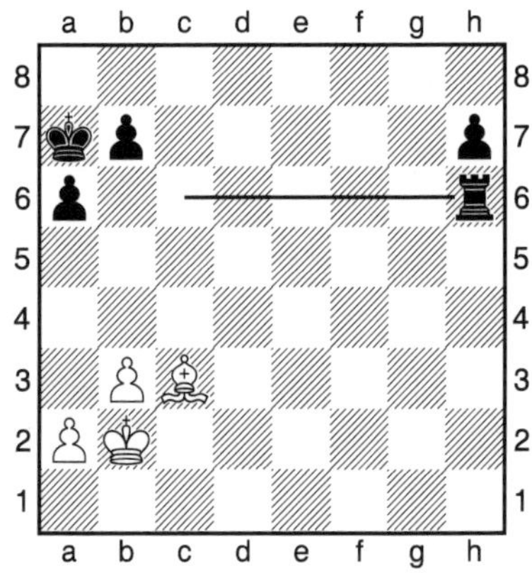

Weitere Übungen zum Thema 'Beutezüge'

(Lösungen direkt im Anschluss)

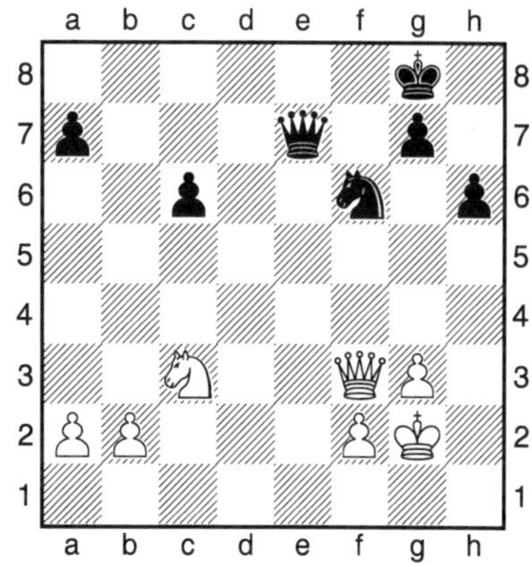

Weiß zieht

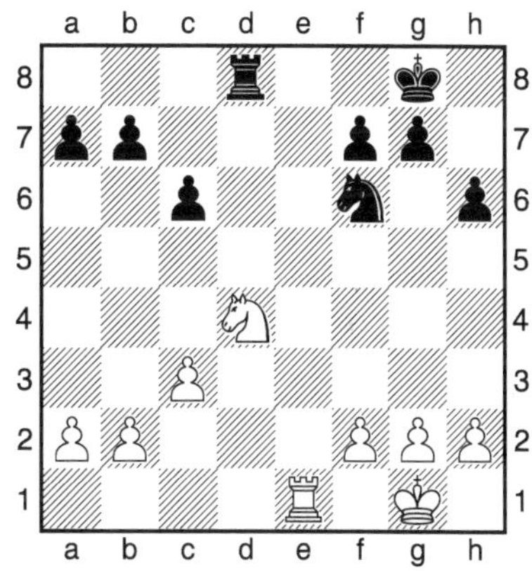

Schwarz zieht

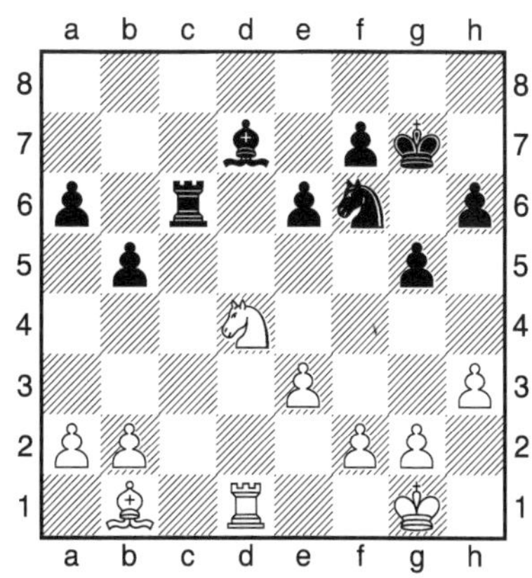

Weiß zieht

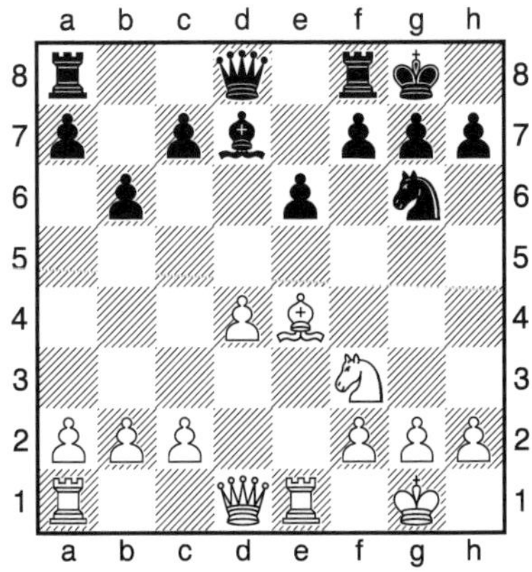

Weiß zieht

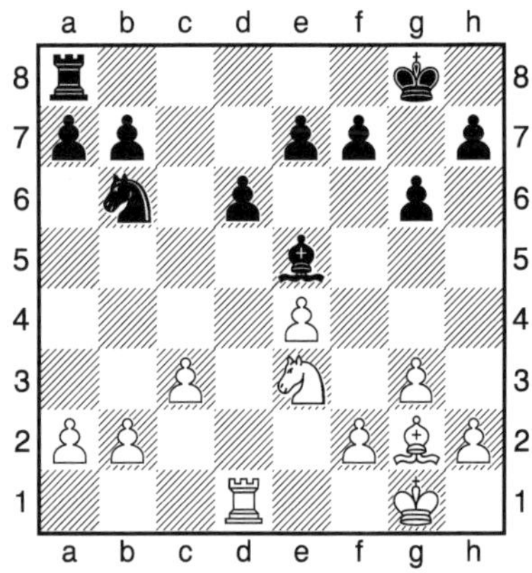

Schwarz zieht

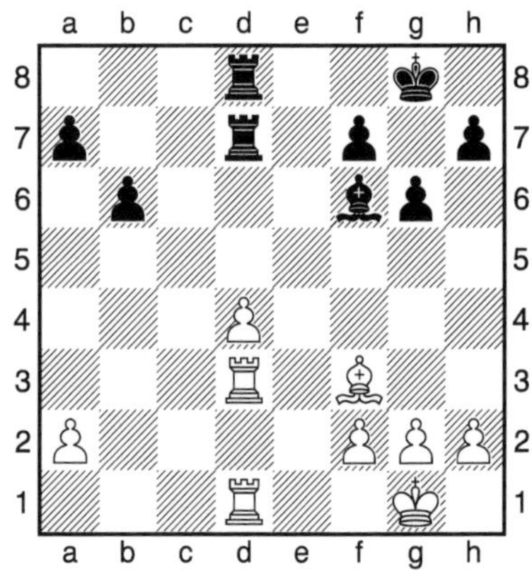

Schwarz zieht

Lösungen:

1.♕xc6

Den Bauern kann die Dame gefahrlos erobern. Würde sie hingegen den Springer schlagen, so wäre dies eine Katastrophe, denn dieser ist ja von der Dame und von einem Bauern sicher gedeckt.

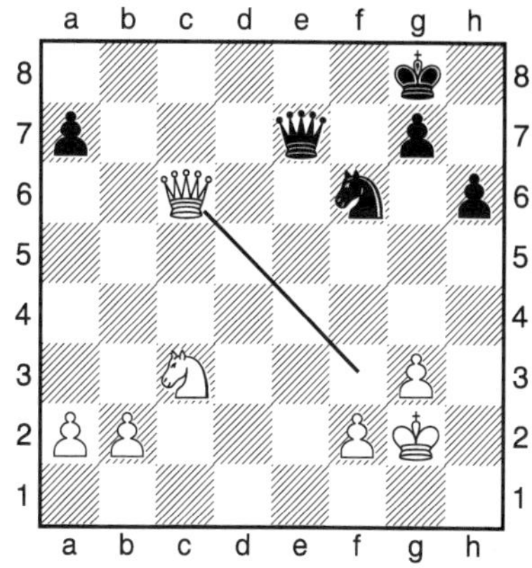

Hier gibt es keine gute Beute. Ein Fehler wäre es, den Springer zu schlagen, denn dann wird der Turm vom Bauern geschlagen. Und da der Turm fünf Punkte wert ist, der Springer aber nur drei, würde Schwarz schlechter abschneiden.

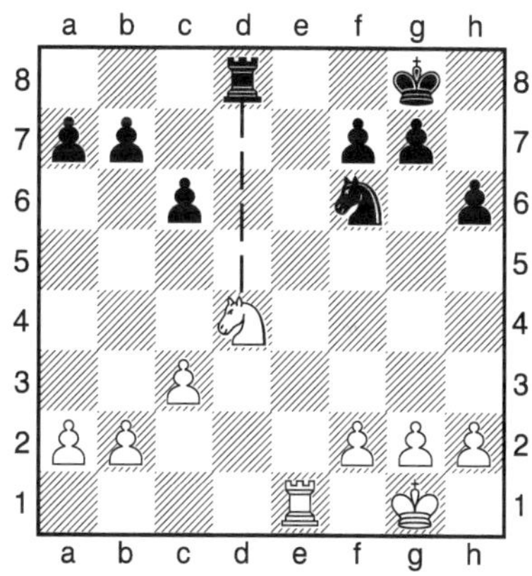

1.♘xc6

Obwohl auch der Springer gleich wieder geschlagen wird, ist dieser Beutezug richtig. Der Turm ist nämlich fünf Punkte und der Springer nur drei Punkte wert.

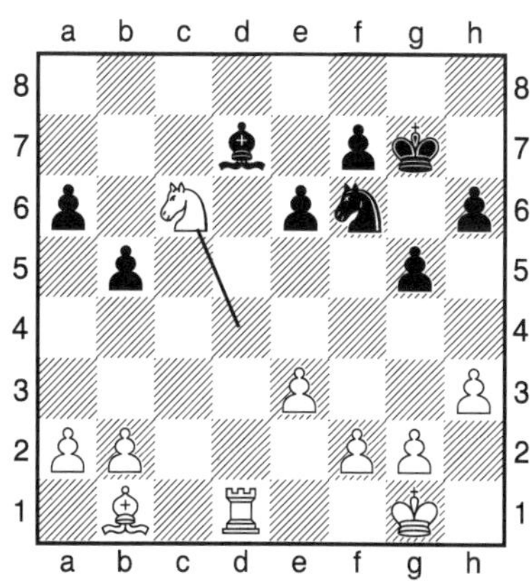

1.♗xa8

Der Läufer (drei Punkte) erobert den schwarzen Turm (fünf Punkte). Das ist ein lohnender Handel und deutlich besser, als den Springer zu schlagen, der ja auch nur drei Punkte wert ist.

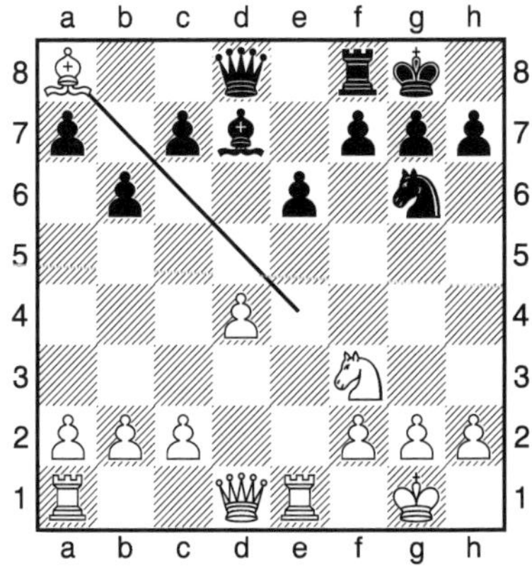

Beide Schlagzüge taugen nichts. Zwar könnte der Läufer den einen oder den anderen Bauern schlagen, aber diese sind ja durch andere Bauern sicher gedeckt. Denke daran, dass der Läufer drei Punkte wert ist, der Bauer aber nur einen Punkt.

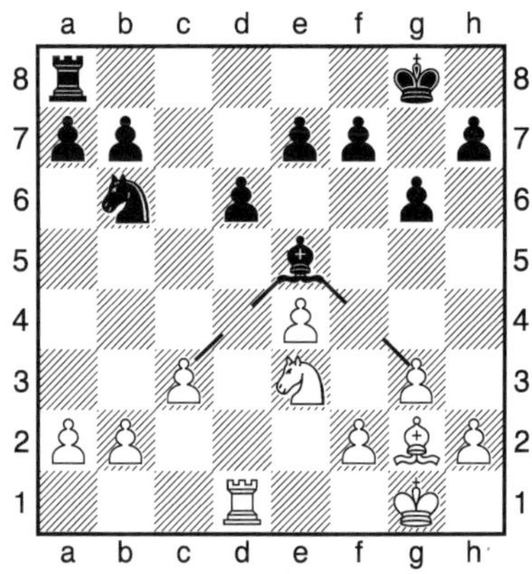

In dieser sehr schwierigen Stellung (im Diagramm unten) stellt sich die Frage, ob Schwarz genug Kräfte im Einsatz hat, um den Bauern d4 zu erobern. Und die Antwort lautet: Ja! - Dabei kann der Bauer sowohl vom Läufer als auch vom Turm genommen werden. Nach z.B. **1...♗xd4** darf Weiß nicht **2.♖xd4 ♖xd4 3.♖xd4 ♖xd4** antworten, denn Schwarz hat Turm und Läufer hergegeben (zusammen 8 Punkte) und im Gegenzug einen Bauern und zwei Türme gewonnen (also 11 Punkte). Und deswegen muss Weiß den Läufer unbedingt in Ruhe lassen, wenn dieser den Bauern nimmt.

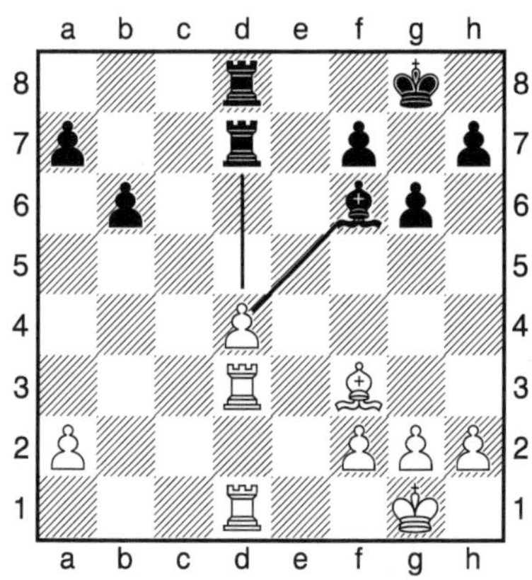

Fortgeschrittene Übungen zum Thema 'Beutezüge'

(Lösungen direkt im Anschluss)

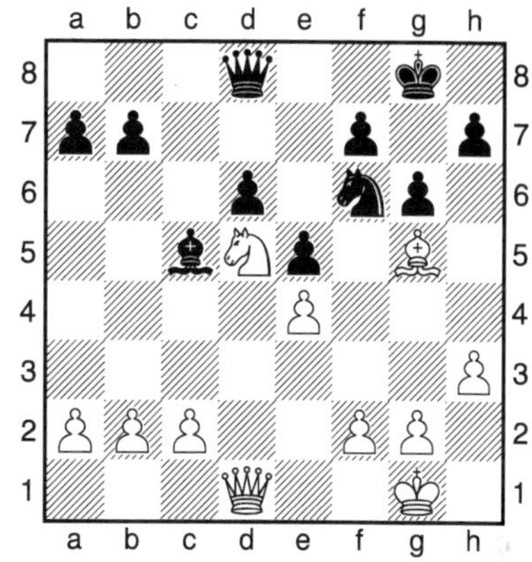

Weiß zieht

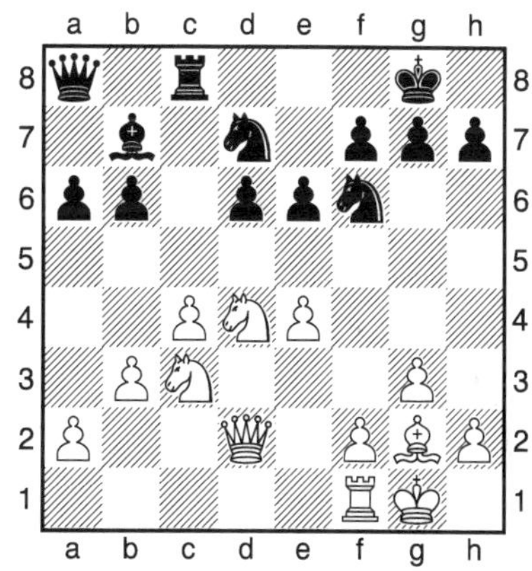

Schwarz zieht

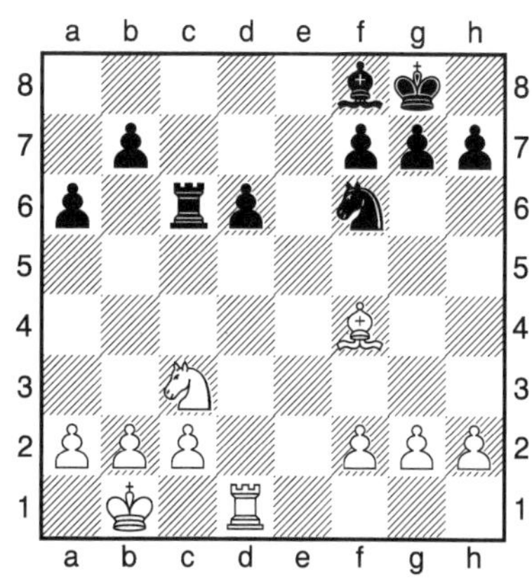

Weiß zieht

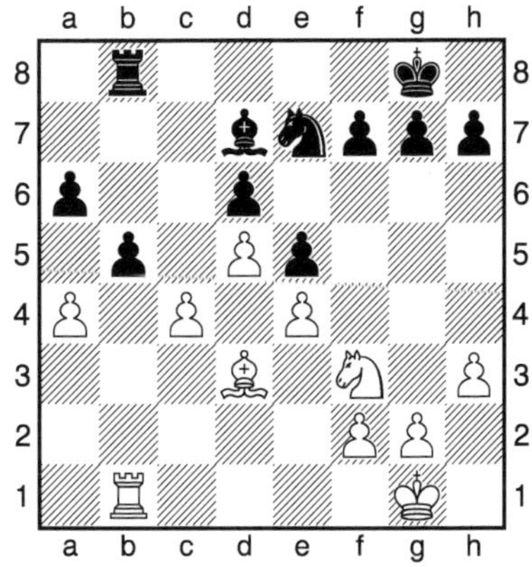

Weiß zieht

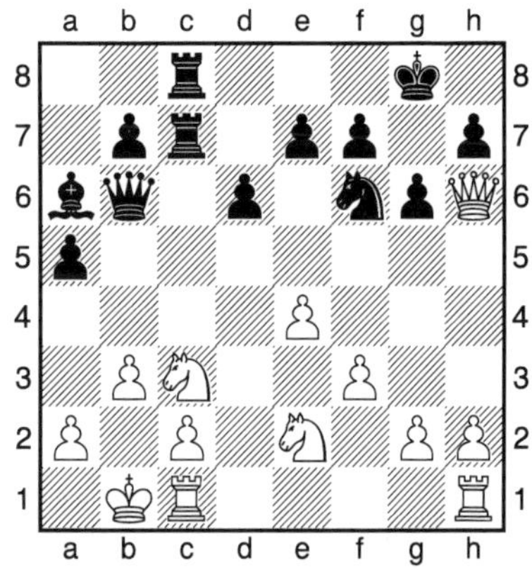

Schwarz zieht

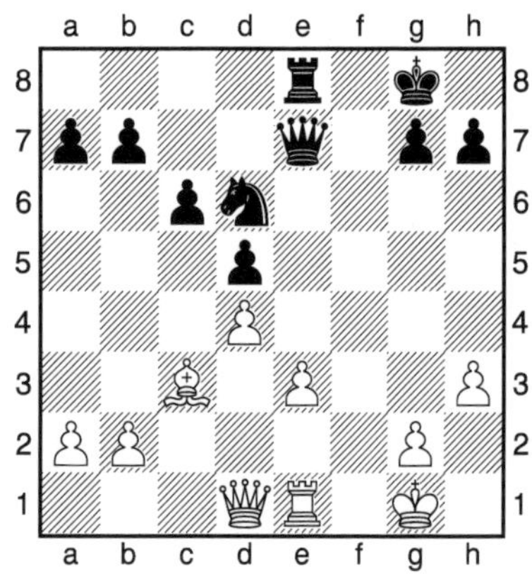

Schwarz zieht

Lösungen:

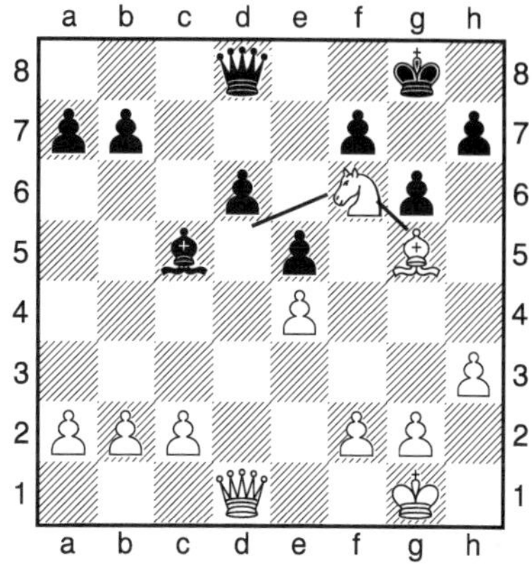

1.♘xf6+ (oder 1.♗xf6)

Weiß greift den schwarzen Springer mit Läufer und Springer an, und da dieser nur von der Dame verteidigt wird, ist die Beute sicher.

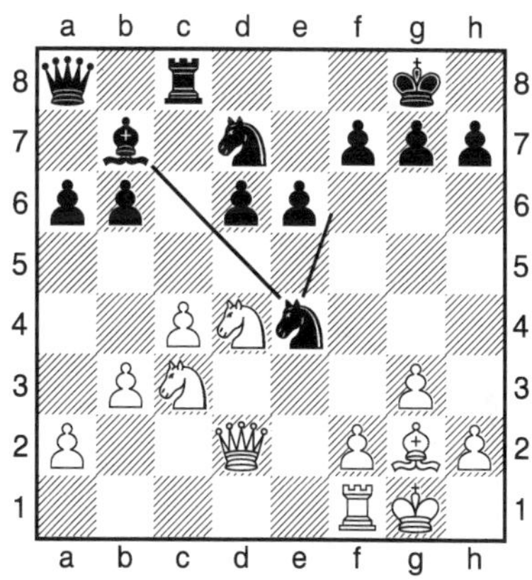

1...♘xe4 (oder 1...♗xe4)

Schwarz greift den e-Bauern mit Springer, Läufer und Dame an, wohingegen dieser nur zwei Beschützer hat. Deshalb ist die Eroberung auch hier eine sichere Sache.

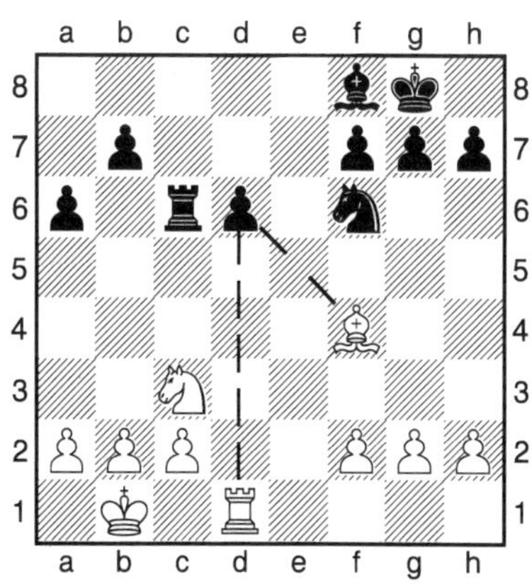

Läufer und Turm von Weiß bedrohen den d-Bauern, aber dieser wird von Turm und Läufer ausreichend verteidigt. Mit anderen Worten: Den zwei Angreifern stehen zwei Verteidiger gegenüber, so dass Weiß den Bauern nicht nehmen sollte.

1.cxb5 (oder 1.axb5)

Weiß greift den Bauern auf b5 mit zwei Bauern, einem Läufer und einem Turm an. Da Schwarz nur drei Verteidiger im Einsatz hat, kann der Bauer mit beiden eigenen Bauern sicher geschlagen werden.

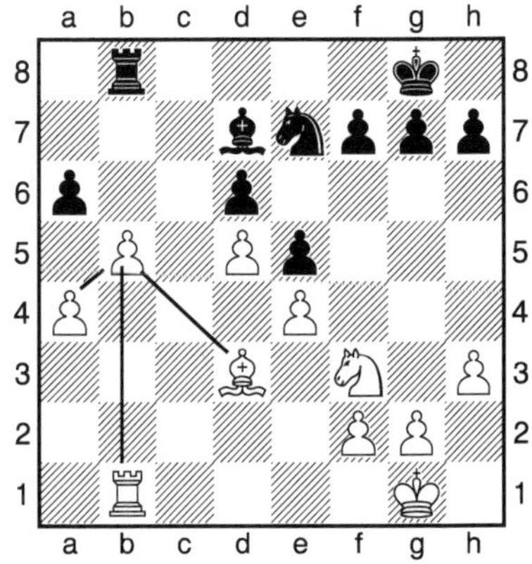

Diese Aufgabe ist kompliziert, so dass wir Schritt für Schritt vorgehen.

1...♘xe4 ist ein Fehler, da der Springer vom Bauern geschlagen werden kann.

1...♗xe2 ist kein schlechter Zug. Weiß wird den Läufer mit 2.♘xe2 nehmen, und da beide Figuren je 3 Punkte wert sind, hat ein ausgeglichener Tausch stattgefunden.

1...♖xc3 ist der beste Zug.

Zwei Türme greifen den Springer an, der nur von seinem Kollegen verteidigt wird. Nach 2.♘xc3 ♖xc3 hat Schwarz von dem Handel profitiert, denn er hat zwei Springer bekommen (2x3= 6 Punkte) und nur einen Turm dafür gegeben (5 Punkte).

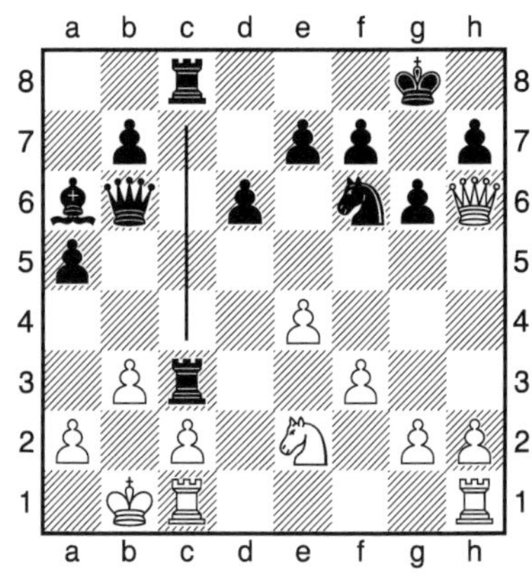

Bei der letzten Aufgabe greifen zwei schwarze Figuren den Bauern an, der von Weiß nur einmal verteidigt wird. Dennoch wäre es falsch, ihn zu nehmen, denn nach **1...♕xe3+ 2.♖xe3 ♖xe3** hat Schwarz die Dame aufgegeben (9 Punkte), dafür aber nur einen Turm und einen Bauern erhalten (6 Punkte). Würden die schwarzen Figuren ihre Plätze tauschen, so dass der Turm *vor* der Dame stünde, wäre der Beutezug hingegen gut.

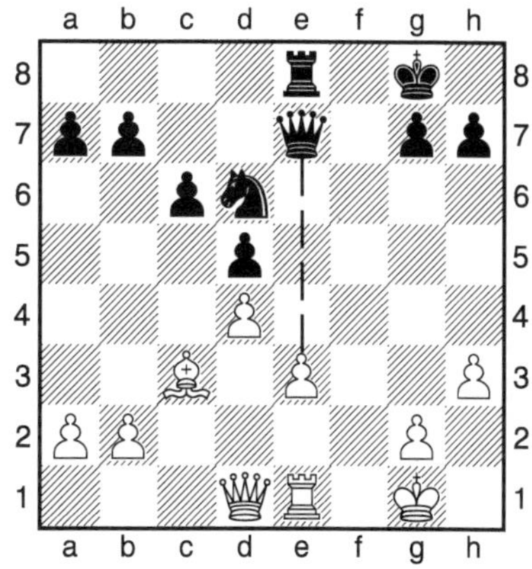

Regel 5

Denke sorgfältig über den letzten Zug des Gegners nach!

Oft höre ich junge Spieler im Schachverein ausrufen: „Ich habe einen ganz phantastischen Plan!" – Aber nach einigen Zügen sind sie plötzlich am Boden zerstört. Dann hat sich beispielsweise herausgestellt, dass sie so sehr auf ihre eigenen Pläne und Ideen konzentriert waren, dass ihnen unversehens die Dame abhanden kam.

Leicht vergisst man in der Hitze des Gefechts, dass auch der Gegner Züge machen und Pläne schmieden und nach Beute Ausschau halten darf. Und deshalb musst du immer auf der Hut sein und die Regel beherzigen: Denke sorgfältig über den letzten Zug des Gegners nach! – Denn Vorsicht! Vielleicht führst ja nicht nur *du* Übles im Schilde...

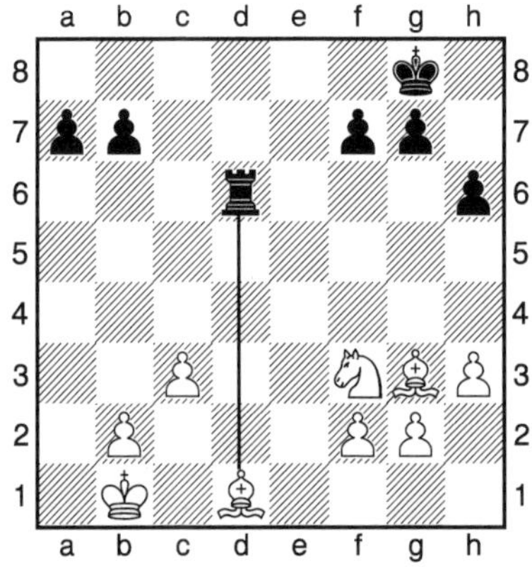

Schwarz hat gerade seinen Turm auf die d-Linie gespielt und bedroht den Läufer d1. Wie begegnet man dieser Drohung am besten?

Man kann den Läufer retten, indem man ihn nach e2, c2, b3 oder a4 *wegzieht*.

Auch kann der Läufer vom König *verteidigt* werden, indem dieser nach c1 oder c2 zieht. Denn der Turm wird sich wohl kaum für den weniger wertvollen Läufer hergeben (beachte die Wertetabelle).

Der Turmangriff kann mit **1.♘d4** abgeschnitten werden - oder *blockiert*, wie man in der Schachsprache sagt.

In der gegebenen Stellung kann der Turm allerdings einfach mit **1.♗xd6** geschlagen werden.

Einfache Übungen

(Lösungen direkt im Anschluss)

Leider gelingt es nicht immer, die Pläne des Gegners zu durchkreuzen. Schau dir die folgenden Stellungen an und frage dich, was die Absicht des letzten gegnerischen Zuges ist und wie du am besten darauf reagieren solltest – das Angriffsobjekt *wegziehen* oder *verteidigen*, den Angriff *blockieren* oder den Angreifer einfach *schlagen*.

Weiß hat gerade den Springer von f2 nach h3 gezogen.

Was droht? – Wie reagierst du?

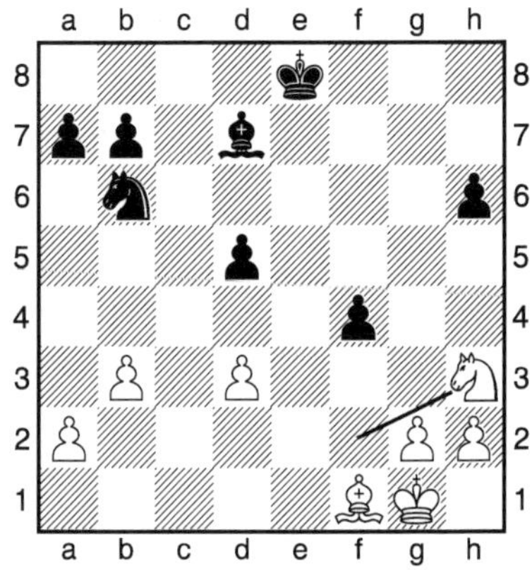

Weiß hat gerade die Dame nach f3 gezogen.

Was droht? – Wie reagierst du?

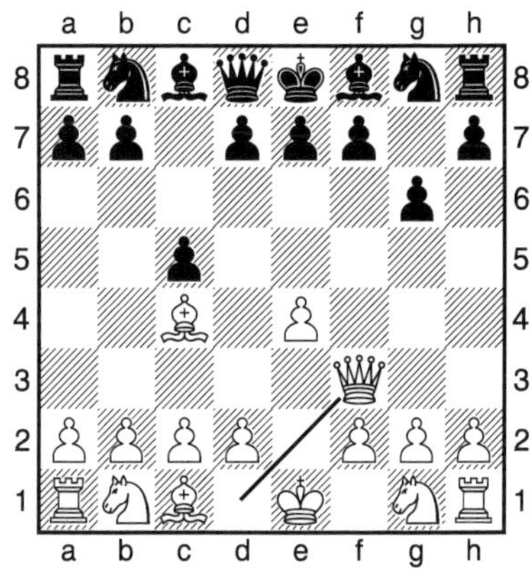

Schwarz hat gerade den Springer entwickelt und damit sogleich die Dame angegriffen. Natürlich könnte diese einfach wegziehen, es sei denn, du findest einen anderen Weg, um der Drohung zu begegnen?

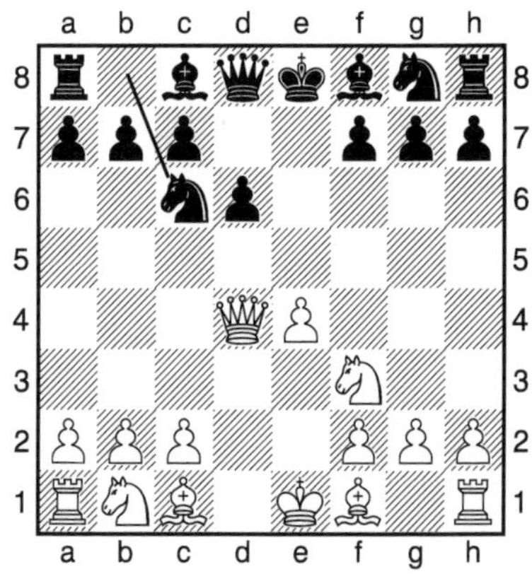

Schwarz hat gerade seinen Turm nach c8 gezogen.

Was droht? – Wie reagierst du?

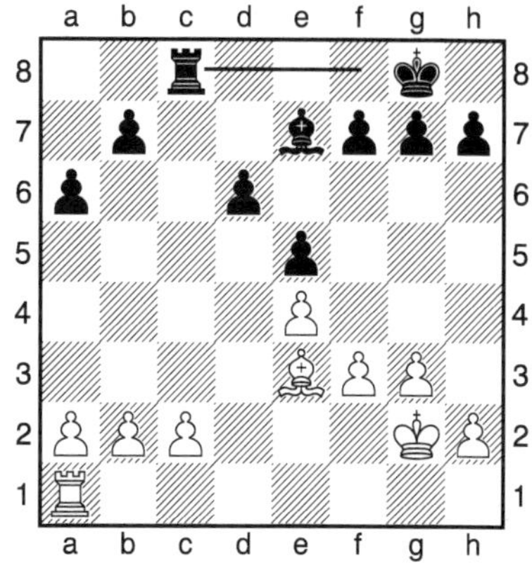

Schwarz hat gerade seinen Bauern nach a6 gezogen.

Was droht? – Wie reagierst du?

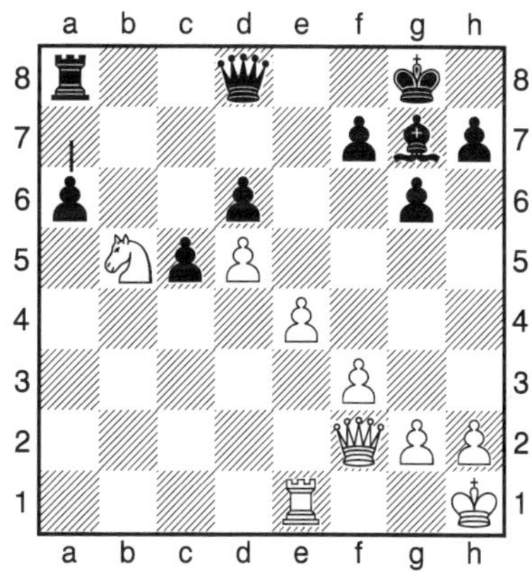

Die weiße Dame ist gerade von b3 nach c2 zurückgekehrt.

Was droht? – Wie reagierst du?

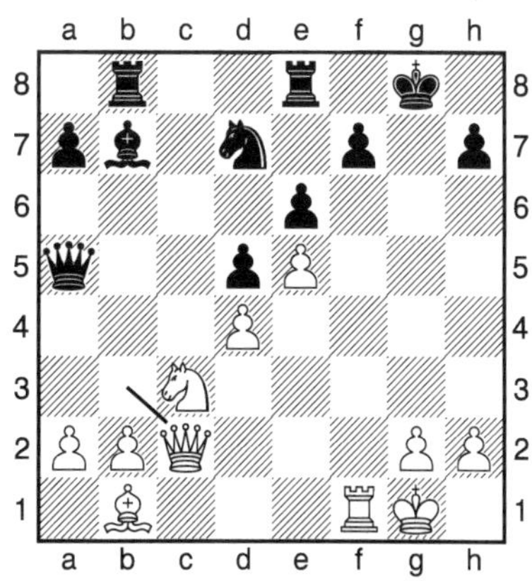

Lösungen:

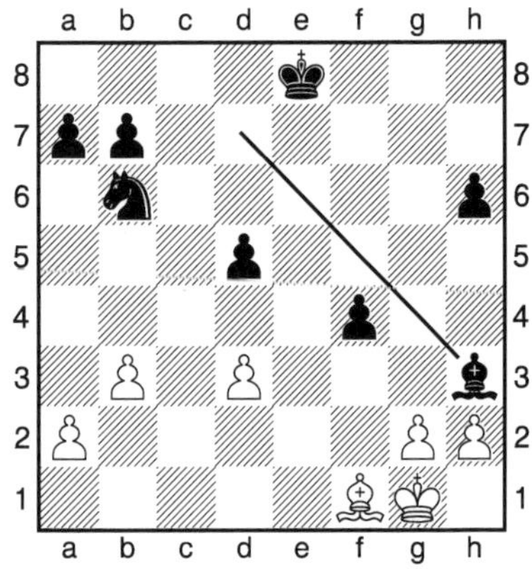

1...♗xh3

Der Springer greift von h3 aus den Bauern f4 an. Er ist nicht mehr zu verteidigen und geht er vorwärts, wird er geschlagen. Da Springerzüge von Hause aus nicht blockiert werden können, geht nur noch eins: Der schwarze Läufer schlägt den Springer, der weiße Bauer schlägt den Läufer – und es hat ein gleicher Tausch stattgefunden, denn Läufer und Springer sind ja beide 3 Punkte wert.

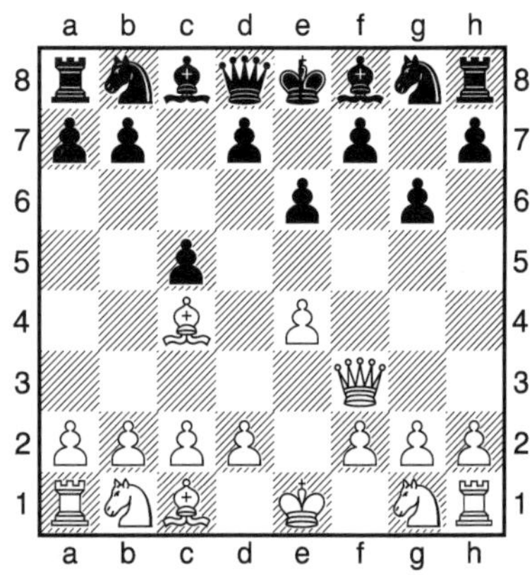

Weiß droht mit einem ziemlich primitiven Trick – nämlich ♕xf7#. Der König darf die Dame nicht schlagen, weil sie vom Läufer gedeckt wird. Das beste ist, man zieht mit **1...e6** den Bauer vor, um damit den weißen Läufer abzublocken.

Einige Züge später wird dann die weiße Dame auf ihrem verletzlichen Posten belästigt, wenn beispielsweise ein schwarzer Springer auf d4 oder e5 auftaucht.

Wie schon gesagt, kann Weiß die bedrohte Dame einfach wegziehen. Besser ist aber der Zug **1.♗b5**, der nicht nur den Angriff auf die Dame pariert, sondern gleichzeitig eine Figur entwickelt.

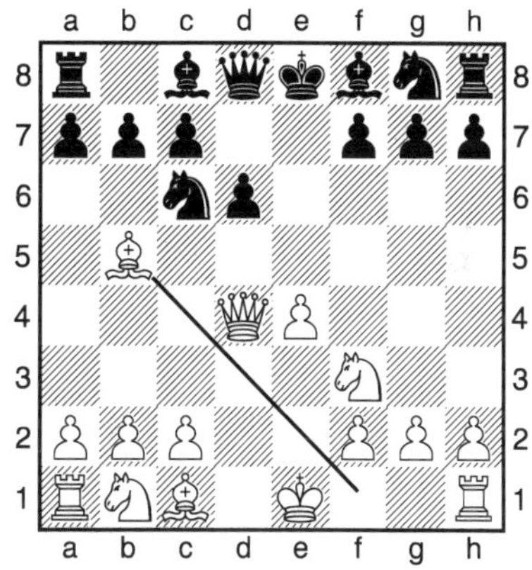

Schwarz kann die Dame nicht schlagen, weil sein Springer sich wegen des dahinter stehenden Königs nicht bewegen darf. Dieses taktische Werkzeug heißt *Fesselung* und darüber erfährst du im nächsten Kapitel mehr.

1.c3 (oder 1.♖c1)

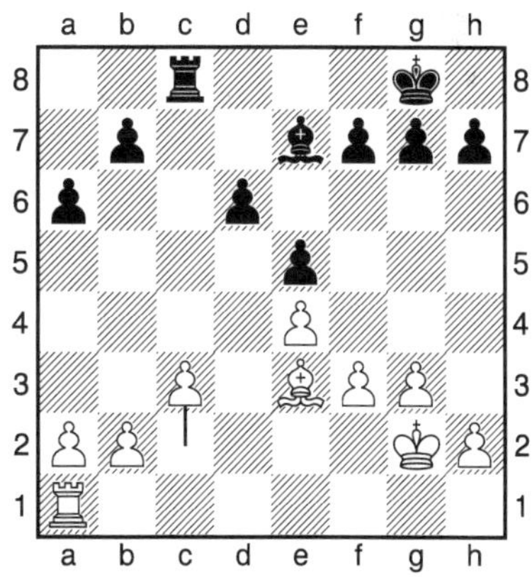

Der Turm bedroht von c8 aus den Bauern c2, so dass es am besten ist, ihn auf ein Feld zu ziehen, wo ihn ein anderer Bauer *deckt*. Auch der weiße Turm kann ihn *verteidigen*. Allerdings ist der Bauernzug besser, damit der Turm für wichtigere Aufgaben zur Verfügung steht.

1.♘a3

Der Springer reagiert auf den Angriff durch den Bauern, indem er *wegzieht*. Das Feld a3 ist der einzig sichere Platz, wovon du dich selbst überzeugen kannst.

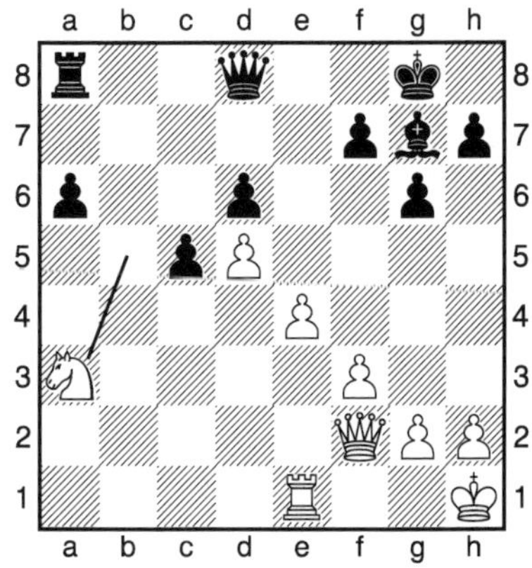

1...♘f8

Die weiße Dame bildet zusammen mit dem Läufer eine mächtige Batterie, die den gegnerischen König mit Schachmatt bedroht. Da ist es gut, dass der Springer zur Rettung herbeieilen kann. Sein Zug nach f8 verteidigt den h7-Bauern und verhindert die Katastrophe.

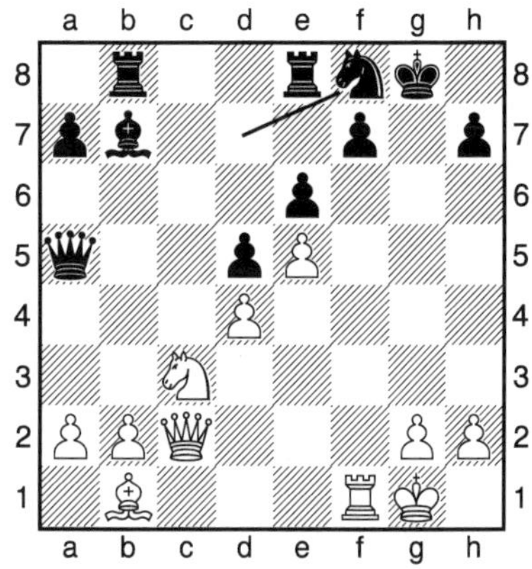

Regel 6

Achte auf taktische Schläge!

Auf in unser nächstes Kapitel zum Thema 'Materialschach'.

Im Schach musst du dich nicht nur vor simplen Schlagzügen in Acht nehmen, denn es gibt allerlei Tricks oder besser gesagt: *taktische Werkzeuge*, die zu Materialgewinn (bzw. zu Materialverlust) führen können. Darin liegen die Feinheiten des Schachspiels und ein guter Spieler muss nicht nur in der Lage sein, *die Tricks des Gegners zu erkennen und zu parieren,* sondern er muss *sich auch eigene ausdenken*.

Zu den tödlichen Waffen beider Seiten gehören unter anderem: *Fesselung*, *Spieß*, *Springergabel*, *Schutzbeseitigung*, *Doppelangriff, Figurenfang* und *Abzug*. Wir haben dich ja gewarnt: Schach kann ein 'schmutziges Geschäft' sein.

Zu Beginn mögen all diese Dinge einschüchternd wirken, aber lauf nicht weg! Denn niemand erwartet, dass du alles sofort in Erinnerung behältst. Spiel einfach eine Sache nach der anderen auf dem Brett nach, um die dahintersteckende Idee zu erkennen. Mit etwas Glück werden sie sich schließlich in deine Erinnerung einprägen, und wenn du danach viele Partien spielst, werden diese Spielmuster immer wieder vorkommen und du wirst sie automatisch schneller erkennen.

Das erste taktische Motiv, das wir behandeln, ist die bereits erwähnte *Fesselung*. Dieses Motiv ist extrem nützlich und taucht in allen möglichen Situationen immer wieder auf.

Die Fesselung

Als Fesselung bezeichnet man einen Angriff auf zwei oder mehr feindliche Steine, die *waagerecht*, *senkrecht* oder *diagonal* in ein und derselben Linie stehen. Die Fesselung ist deshalb so gefährlich, weil ein Wegzug des gefesselten Steins den Angriff auf den dahinter stehenden freigeben würde, der entweder *wertvoller* – oder in der gegebenen Stellung aus diesem oder jenem Grund *wichtiger* ist. Das hört sich in der Theorie schwierig an, erweist sich jedoch als einfach, wenn du es dir in der Praxis ansiehst.

Schwarz hat seinen Läufer gerade nach b4 gezogen. Nun greift dieser die weiße Dame an und die darf nicht wegziehen, weil dahinter ja der König steht. Man sagt, die Dame ist *gefesselt*. Sie wird im nächsten Zug verloren gehen, und zwar ganz gleich, ob sie vom Läufer geschlagen wird oder ob sie selbst diesen schlägt.

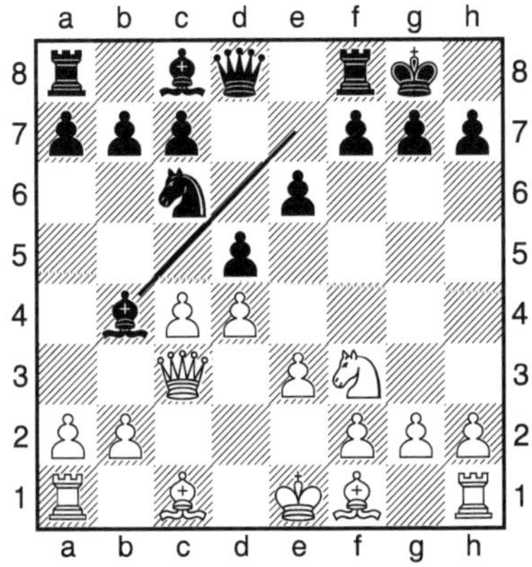

Eine ähnliche Stellung haben wir schon in einem früheren Kapitel zum Thema 'Eröffnung' betrachtet. Erinnerst du dich?

Der Turm e1 greift die schwarze Dame an und diese ist gefesselt, weil dahinter ja der König steht. Die Dame geht verloren und somit auch die ganze Partie.

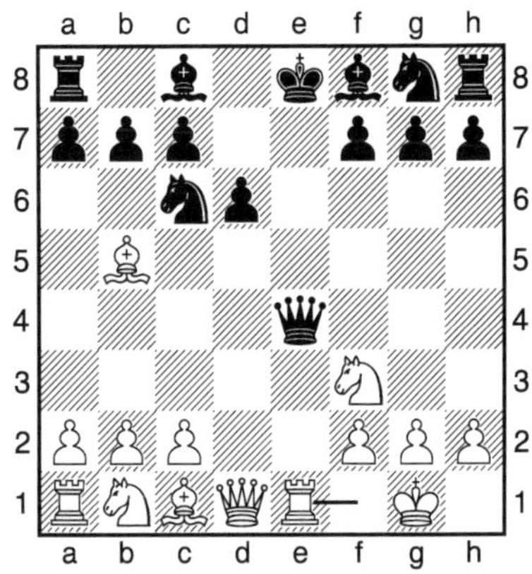

Ein Läufer fesselt während der Eröffnung sehr oft einen Springer an die Dame. Zieht der Springer *f6* weg, schnappt sich der Läufer die Dame. Weiß braucht nur noch ein bisschen Druck auf den Springer auszuüben, um größte Unannehmlichkeiten zu verursachen.

Weiß spielt hier einfach **1. e5** und greift den Springer an. Da dieser nicht wegziehen kann, gewinnt Weiß im nächsten Zug mit **2. exf6** oder **2. ♗xf6** eine Figur.

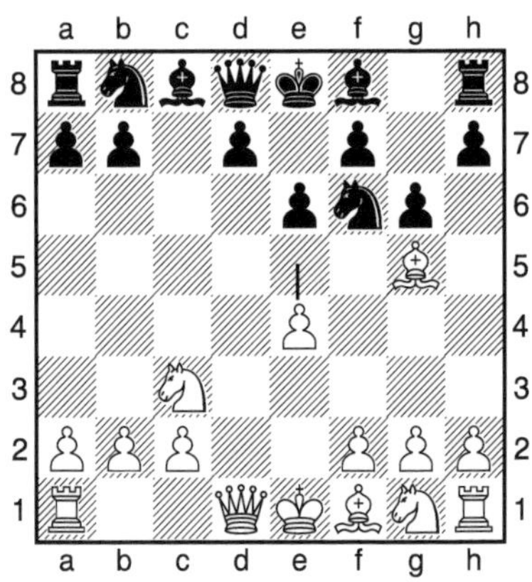

Manchmal kommt eine Fesselung überraschend. Ich erinnere mich lebhaft an die Falle, in welche ich als Kind tappte. Ich war völlig geschockt, da meine Stellung felsenfest zu sein schien, und dann ... Bumm!

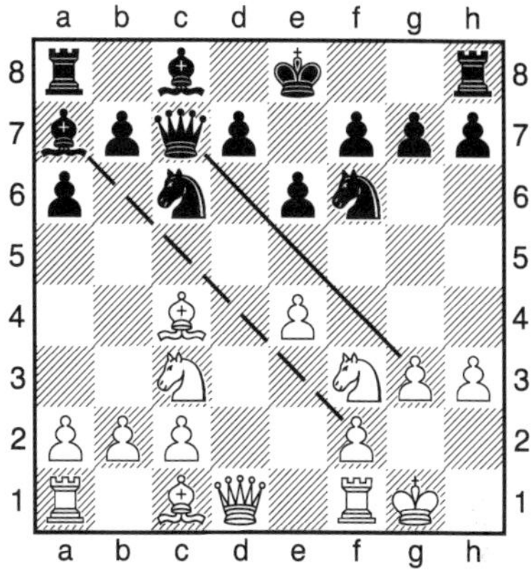

Schwarz spielte 1. ... ♕xg3+, zerschmetterte die weiße Königsstellung und entschied das Spiel. Der *f2*-Bauer darf die Dame nicht schlagen, weil er vom Läufer gefesselt ist.

Diagramm 4

In dieser Stellung kann Weiß eine Fesselung aufbauen und Material gewinnen. – Und zwar wie?

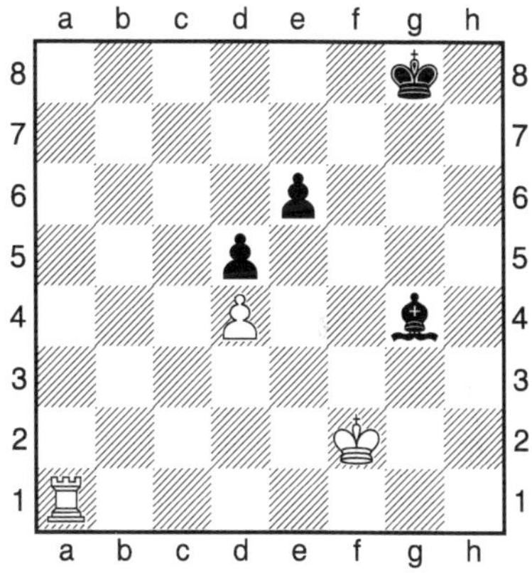

(Lösung auf Seite 126)

Der Spieß

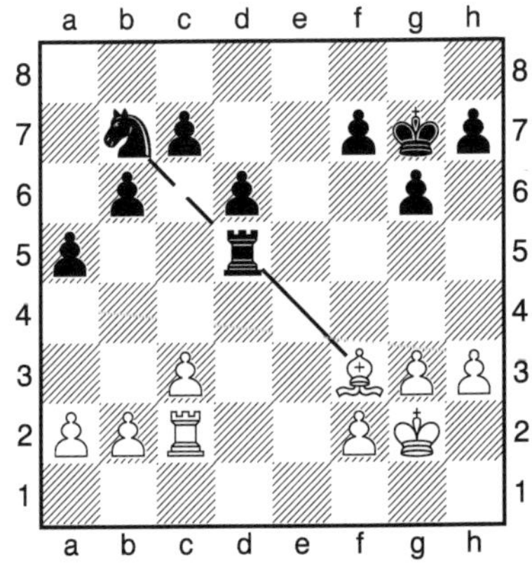

Mir einem Spieß erwischt man zwei gegnerische Steine in ein und derselben Linie, und wenn einer von diesen wegzieht, geht der andere verloren.

Hier hat Weiß gerade den Läufer nach f3 gezogen, von wo aus er den schwarzen Turm angreift. Falls der Turm wegzieht, erobert der Läufer den Springer.

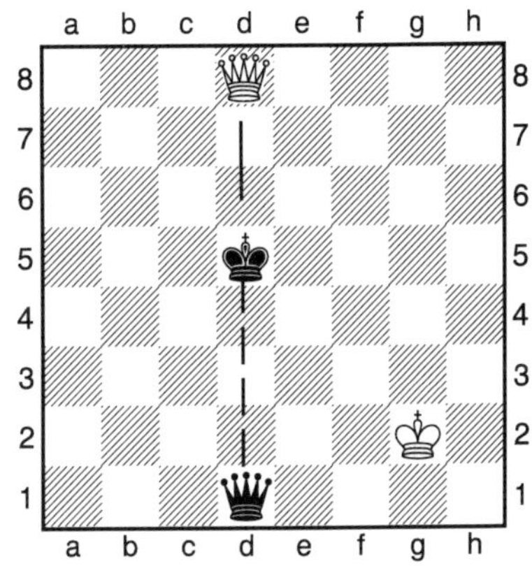

Und hier noch ein weiteres typisches Beispiel für einen Spieß.

Der schwarze König muss dem Schachgebot ausweichen, wonach die Dame verlorengeht.

Offenbar besteht eine enge Verbindung zwischen einer Fesselung und einem Spieß. Der Unterschied besteht darin, dass bei einem Spieß oft die stärkere Figur ganz vorne in der Schusslinie steht.

Diagramm 5

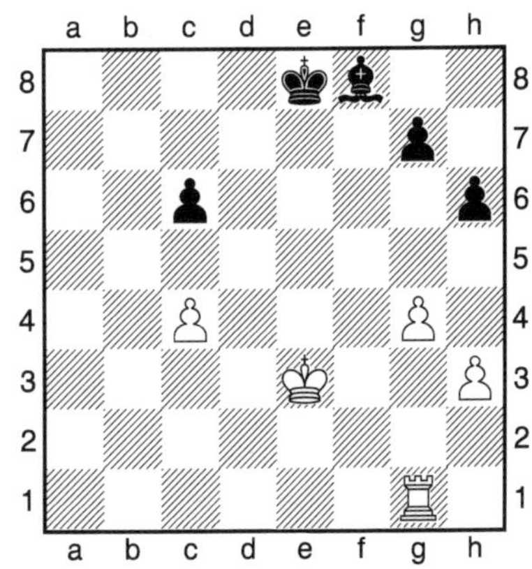

Finde den Spieß, mit dem Schwarz den Turm auf g1 gewinnt.

(Lösung auf Seite 126)

Die Springergabel

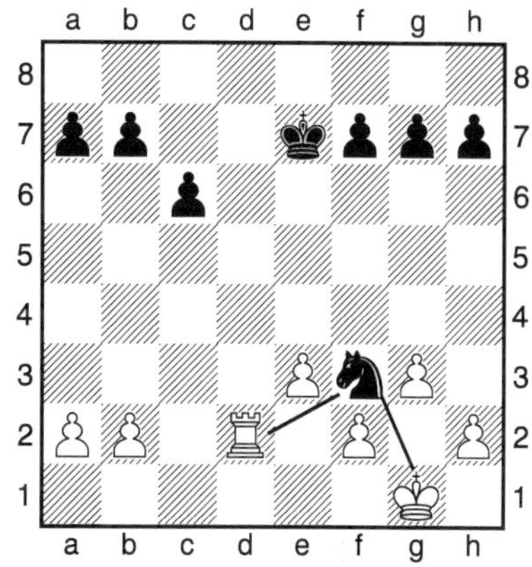

Auch eine *Springergabel* kommt regelmäßig als taktische Waffe zum Einsatz und auch sie kann tödlich sein.

Hier bietet der Springer dem König Schach und greift gleichzeitig den Turm an. Der weiße König muss sich bewegen, wonach der Springer den Turm erbeutet und Schwarz überwältigenden Materialvorteil beschert.

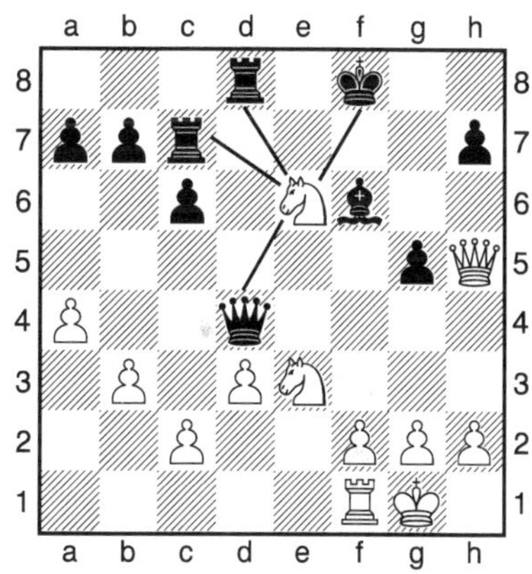

Eine ganz ähnliche Situation, nur dass der Springer auf e6 außer dem König noch drei weitere schwarze Figuren angreift. Eine solche Situation nennt man scherzhaft 'Familienschach'.

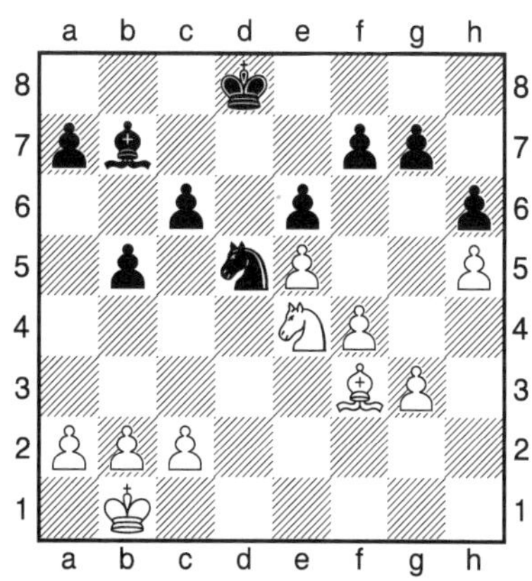

Diagramm 6

Wie kann Weiß mittels einer Springergabel einen wichtigen Bauern gewinnen.

(Lösung auf Seite 126)

Der Doppelangriff

Dieser Begriff erklärt sich von selbst: Ein einziger Zug bringt gleich *zwei* Drohungen mit sich, was den Gegner selbstredend vor große Probleme stellen kann.

In diesem einfachen Beispiel ist der weiße Turm gerade nach c5 gegangen und bedroht sowohl Läufer und Springer. Schwarz kann unmöglich beide Drohungen parieren und wird deshalb eine Figur verlieren.

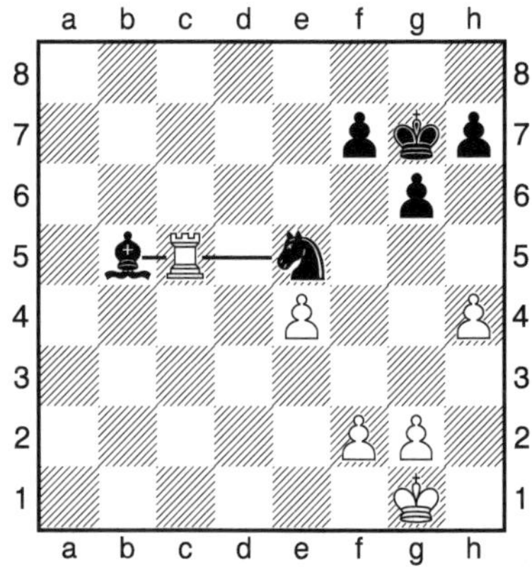

Bei einem Doppelangriff geht es nicht notwendigerweise darum, dass an zwei verschiedenen Stellen *Material* angegriffen wird. Denn ebenso gut ist es möglich, dass man an der einen Stelle eine Figur angreift und an der anderen etwas ganz anderes droht.

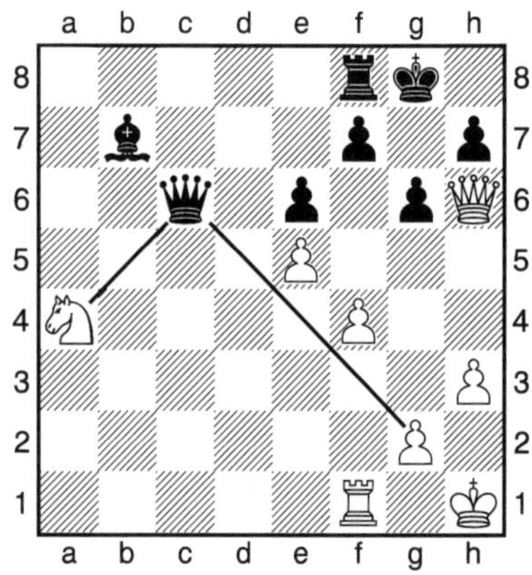

Beispielsweise greift die schwarze Dame hier nicht nur den Springer a4 an, sondern mit Hilfe des Läufers droht sie gleichzeitig ein Matt auf g2. Entsprechend kann Weiß Figurenverlust nicht abwenden.

Diagramm 7

Finde in dieser Stellung einen Doppelangriff, der den weißen Turm gewinnt.

(Lösung auf Seite 126)

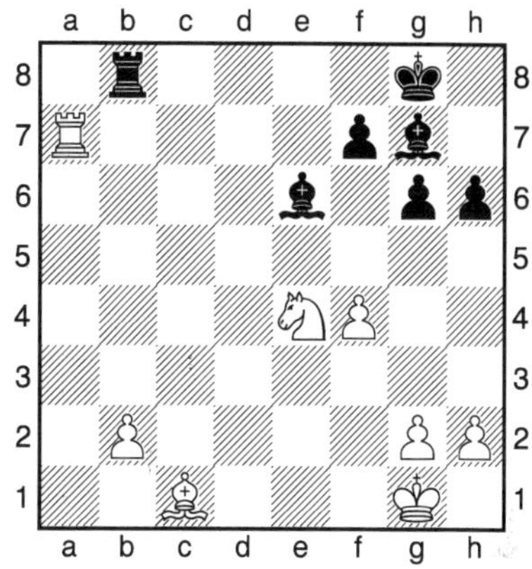

Schutzbeseitigung

Manchmal beseitigst du einen feindlichen Stein und die Stellung deines Gegners bricht zusammen wie ein Kartenhaus.

Weiß kann durch einfache Taktik mit **1.♗xd5 cxd5 2.♖xe7** eine Figur gewinnen. Falls der Turm e1 sofort auf e7 schlägt, schlägt ihn der Springer, also kein guter Tausch. Weiß schlägt erst den Springer, dann kann der Turm gefahrlos den Läufer auf e7 einkassieren.

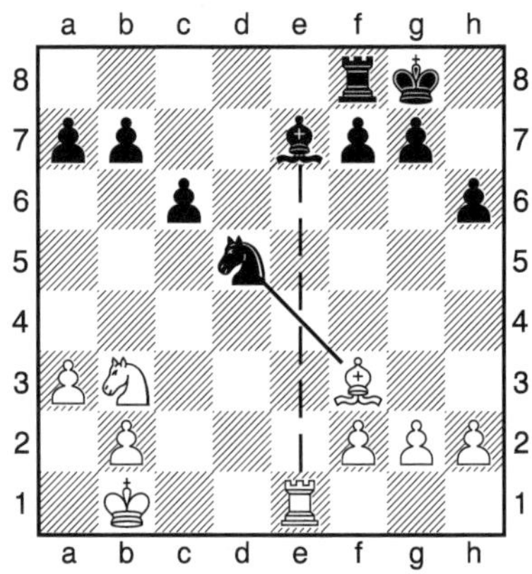

Schwarz verfügt über einen wunderschönen Zentrumsspringer. Da dieser vom Läufer g7 geschützt wird, wäre 1.♕xd4 mehr als dumm wegen 1...♗xd4. Allerdings kann Weiß zuerst mit **1.♖xg7+** den Läufer entfernen, um erst nach **1...♔xg7** mit **2.♕xd4+** fortzufahren. Somit hat Weiß für einen Turm (Wert 5 Punkte) Läufer und Springer erhalten (Wert 6 Punkte).

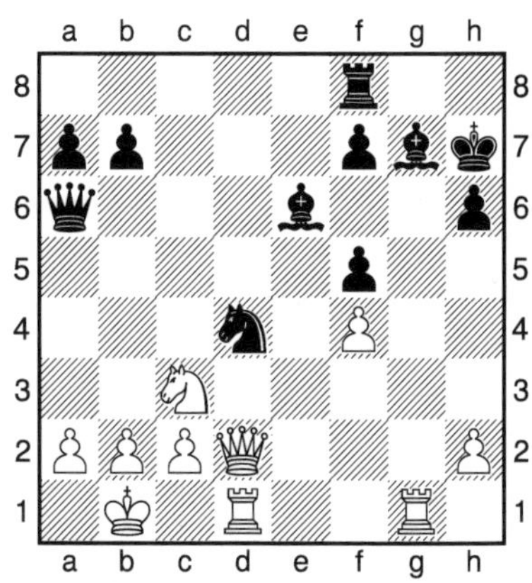

Diagramm 8

Denke in dieser Stellung genau darüber nach, wie du den Schutz des schwarzen Turms beseitigen kannst.

(Lösung auf Seite 126)

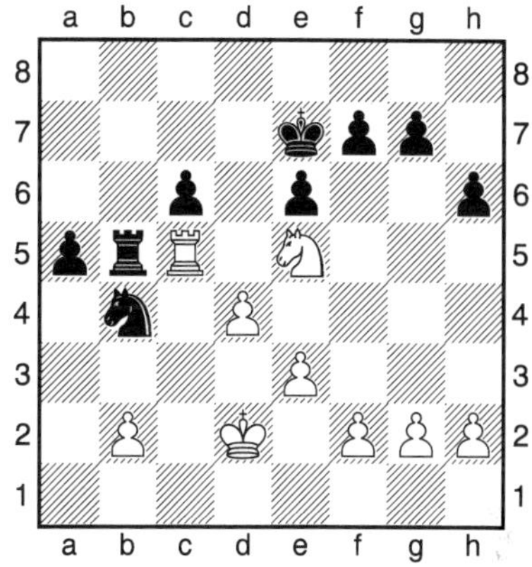

Figurenfang

Häufig kann man eine Figur allein mit ein paar Bauern fangen.

Z.B. geht hier der schwarze Bauer von f5 nach f4 vor und der angegriffene Läufer hat kein Fluchtfeld.

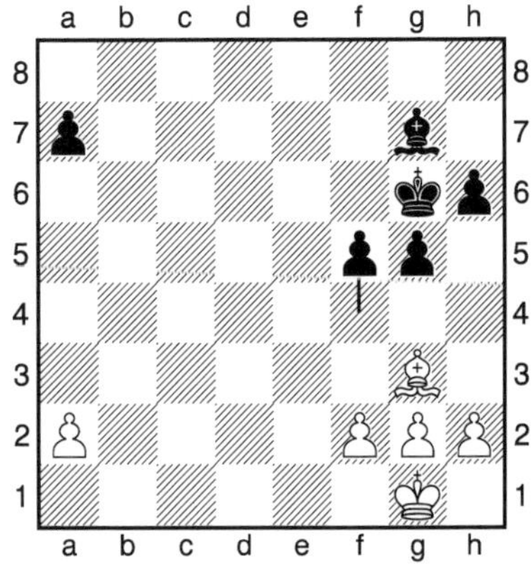

Hier wird der Springer am Brettrand von einem superstarken Läufer auf d4 gefangen gehalten. Nun braucht man nur noch den Turm zum Angriff hinzuzuziehen und nach **1... ♖a8** gewinnt Schwarz eine Figur.

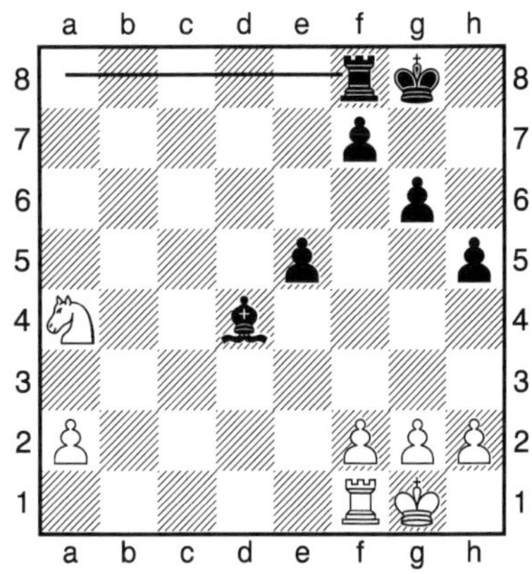

Diagramm 9

In dieser Stellung ist die weiße Dame ein wenig zu tief in die gegnerische Stellung eingedrungen. Wie kann Schwarz dies bestrafen?

(Lösung auf Seite 126)

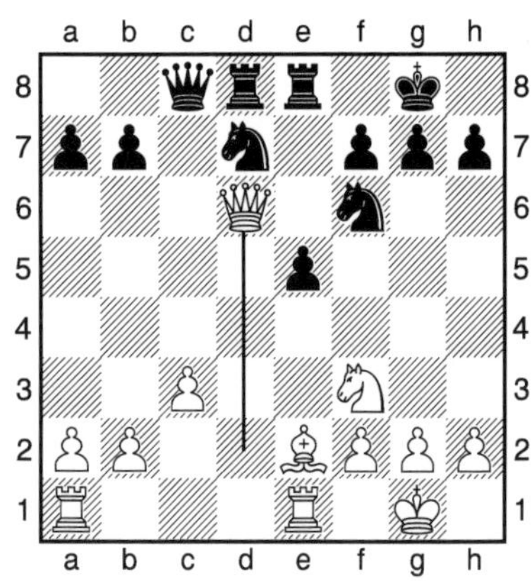

Abzug

Hier einige Beispiele mit einem sehr schönen Motiv: Eine Figur zieht mit einer Drohung oder einem Schachgebot weg und gibt gleichzeitig den Angriff auf einen anderen Stein frei.

Obwohl die schwarze Stellung sicher scheint, wartet Weiß mit einem Kracher auf. Sein Läufer schlägt *h7 mit Schach* 1.♗xh7+ gibt gleichzeitig den Angriffs des Turms d1 auf die gegnerische Dame frei. Nach 1...♔xh7 2.♖xd6 hat Weiß Material gewonnen.

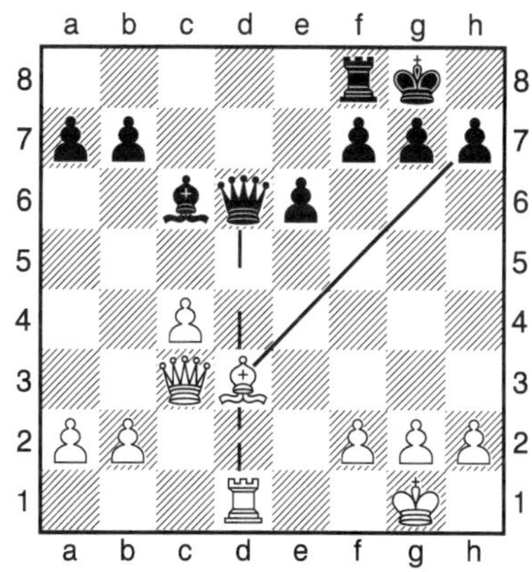

Ein Abzug kann sehr überraschend kommen.

Hier genügt ein kleiner Bauernschritt, um Schwarz Material einzubringen. 1...d5 greift die weiße Dame an und gleichzeitig den Läufer auf a3. Natürlich muss Weiß die Hauptdrohung gegen die wertvollere Dame mit 2.cxd5 parieren, aber dann folgt 2...♗xa3 mit Läufergewinn.

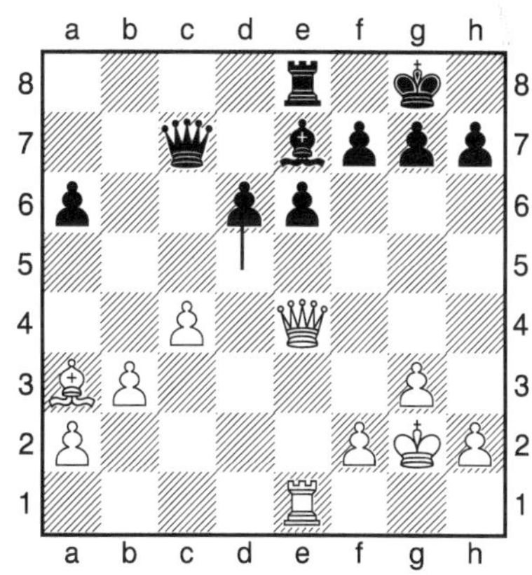

Diagramm 10

Kannst du in dieser Stellung einen Abzug finden, mit dem Weiß die schwarze Dame gewinnt?

(Lösung auf Seite 126)

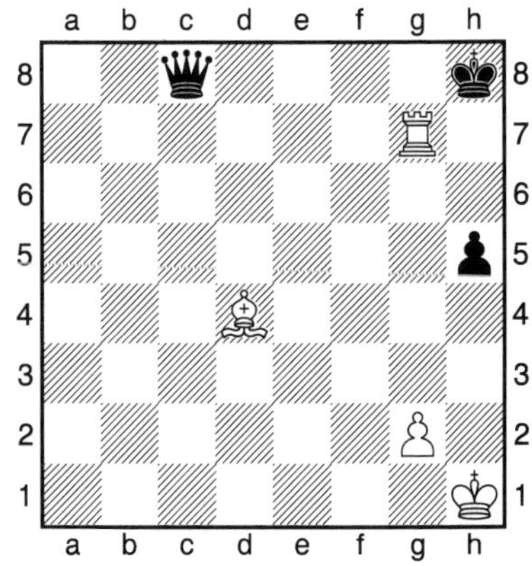

Kombinierte Angriffe

Die erwähnten taktischen Werkzeuge sind relativ einfache Bausteine, die oft zu komplizierten Wendungen zusammengefügt werden – wie z.B. in *dieser* Stellung.

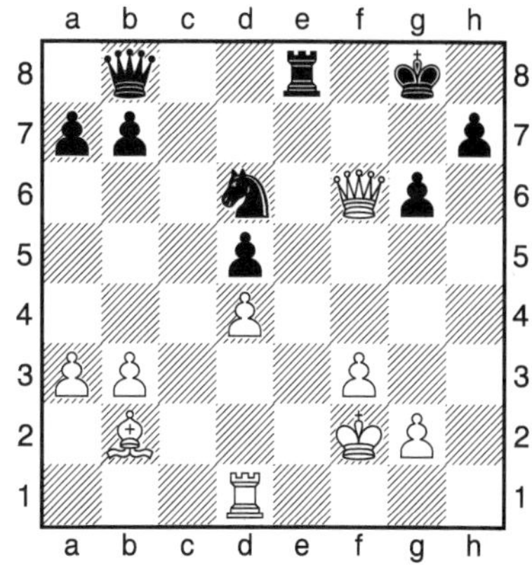

Schwarz kann die weiße Dame gewinnen, indem er zuerst mit **1...♘e4+** König und Dame aufgabelt. Weiß muss mit **2.fxe4** den Springer schlagen, was jedoch die f-Linie öffnet, in der sich beide weißen Majestäten befinden. Und dies erlaubt **2...♖f8** mit Eroberung der gefesselten Dame.

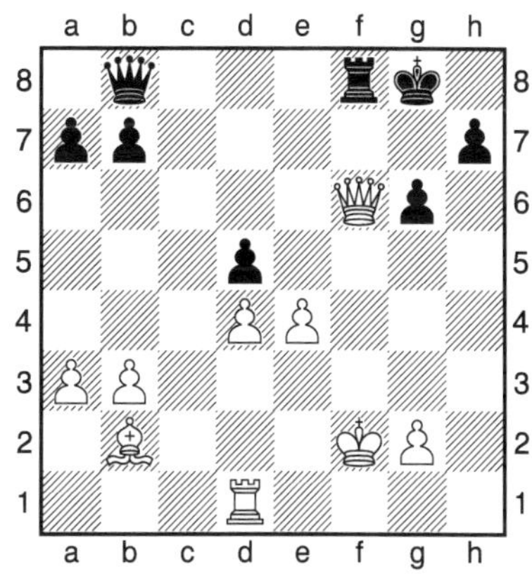

Übungen

(Lösungen auf Seite 126 - 127)

In den folgenden Stellungen werden die vorher gezeigten taktischen Werkzeuge eingeübt. Dabei wird nicht erklärt, welches Werkzeug jeweils zum Einsatz kommen muss – schließlich steht ja während einer Partie auch niemand hinter dir und gibt Ratschläge! Suche also in jedem Beispiel den Zug, mit dem du Material gewinnen kannst.

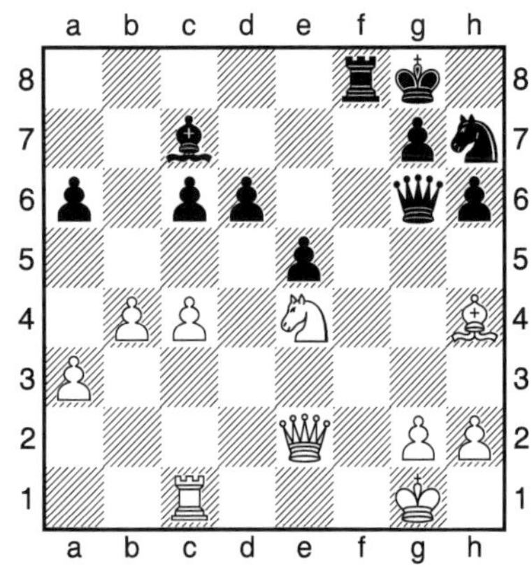

Diagramm 11

Schwarz zieht

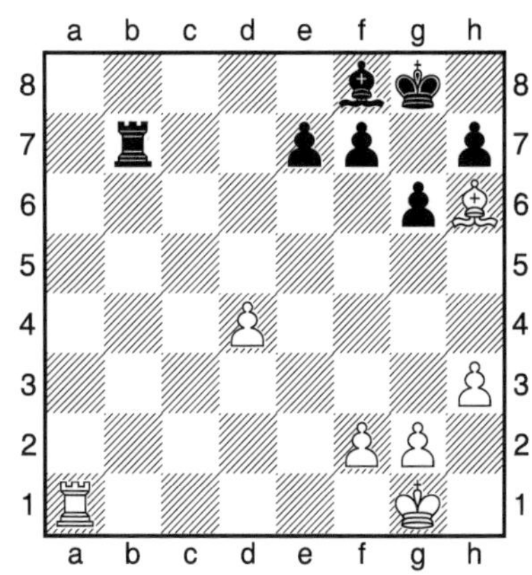

Diagramm 12

Weiß zieht

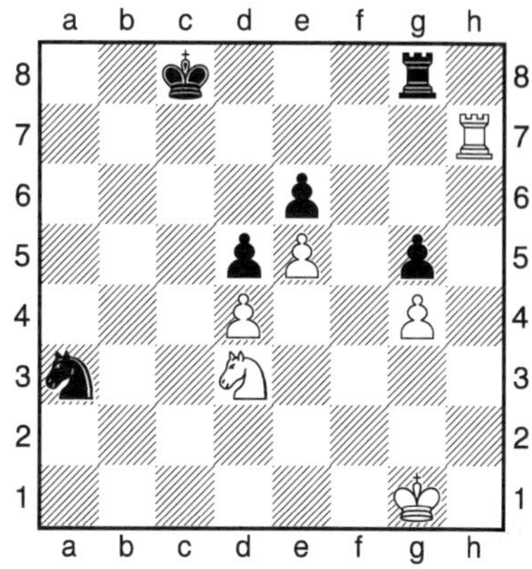

Diagramm 13
Weiß zieht

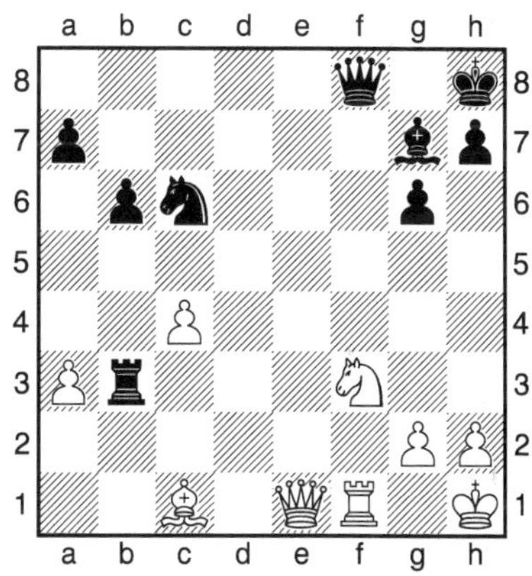

Diagramm 14
Weiß zieht

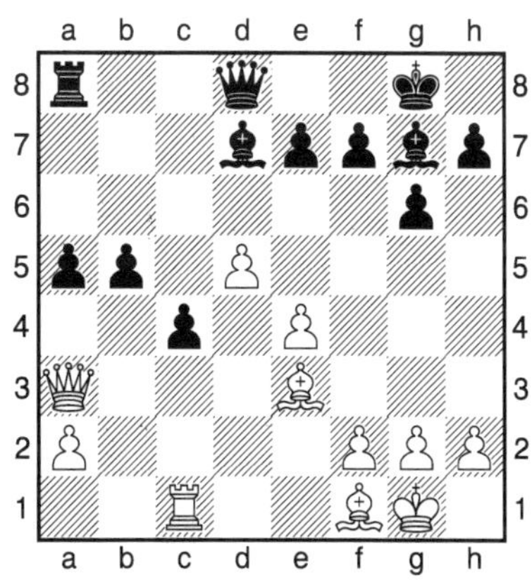

Diagramm 15
Schwarz zieht

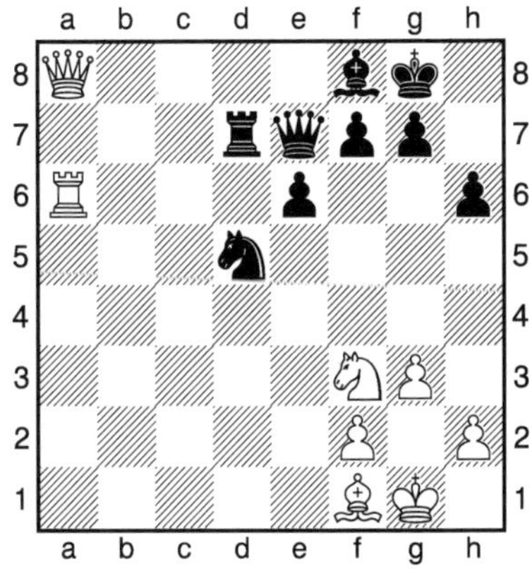

Diagramm 16
Schwarz zieht

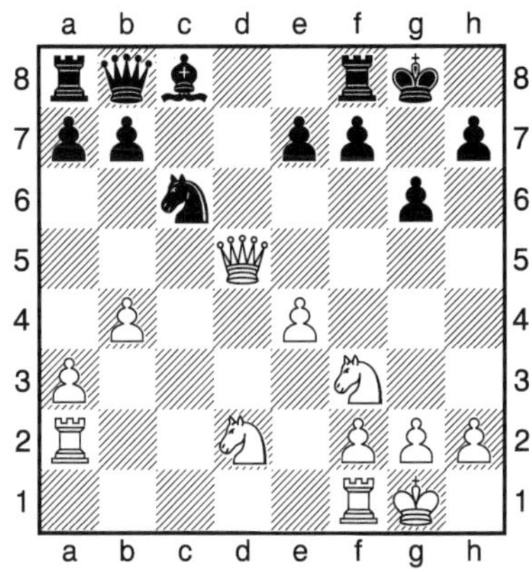

Diagramm 17
Schwarz zieht

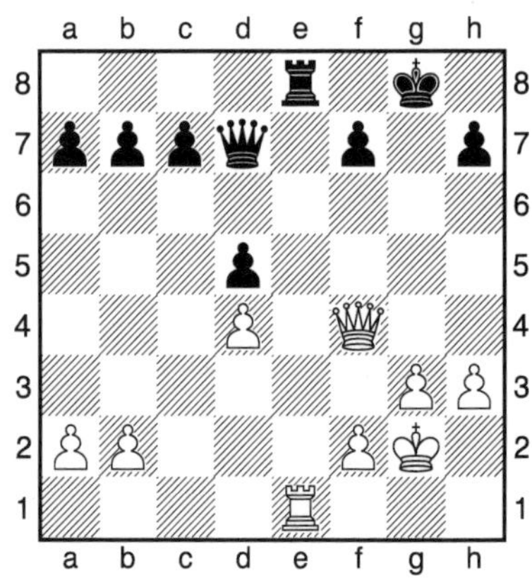

Diagramm 18
Weiß zieht

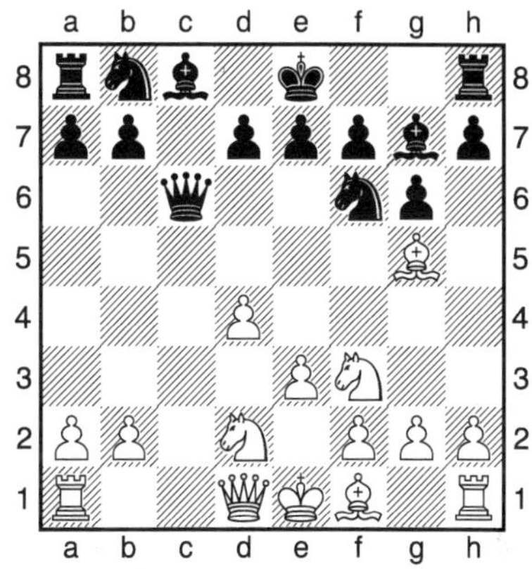

Diagramm 19

Weiß zieht

Regel 7

Greife den König an!

Erinnerst du dich daran, dass am Anfang dieses Kapitels von *zwei* Möglichkeiten die Rede war, wie sich das Mittelspiel gestalten kann? Die erste haben wir bereits betrachtet – und zwar das *Materialschach*, bei dem man versucht, einfach mehr Steine zu gewinnen als der Gegner und diesen Mehrbesitz dann schrittweise zum Sieg zu führen. Nun wenden wir uns dem zweiten Ansatz zu – nämlich dem *direkten Königsangriff*.

Wenn du mit zu wenigen Figuren angreifst oder den falschen Weg wählst, kann ein solcher Angriff das Risiko mit sich bringen, dass er einfach zurückgeworfen wird und der Angreifer womöglich sogar in mehr oder weniger großen Nachteil gerät. Wichtig ist, dass du eine Situation, in der du erfolgreich auf ein Schachmatt abzielen kannst, sicher erkennst.

Zu diesem Zweck ist es wichtig, sich mit sogenannten 'Mattbildern' vertraut zu machen, um eine bessere Vorstellung davon zu erhalten, was du anstreben musst und welche Chancen auf einen erfolgreichen Abschluss gegeben sind. Es folgt eine ganze Reihe vereinfachter Stellungen, in denen all die typischen Mattmuster rund um einen rochierten König veranschaulicht werden – schließlich ist das in aller Regel der Ort, an dem eine Mattsetzung stattfindet.

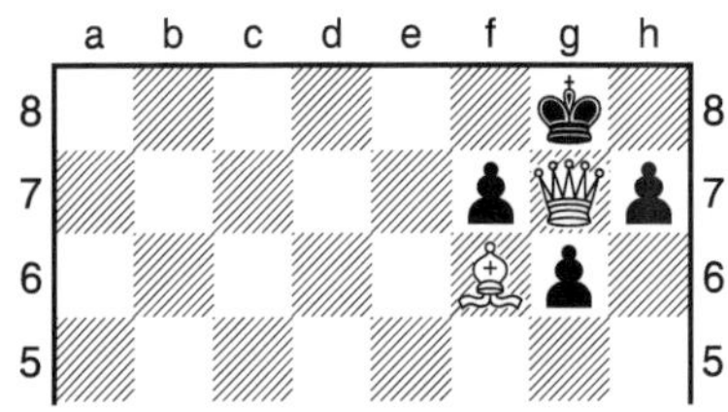

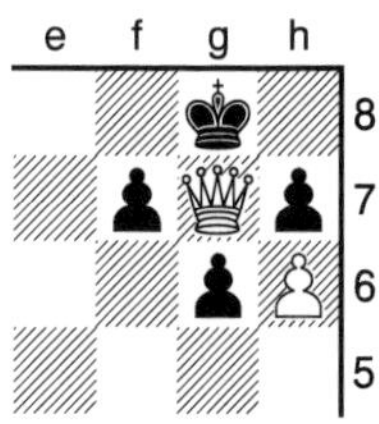

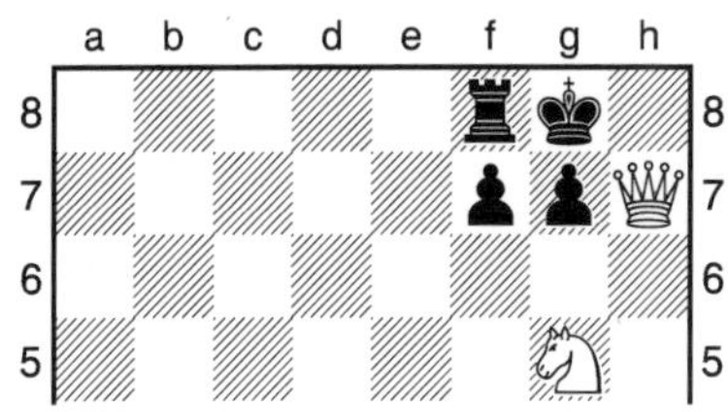

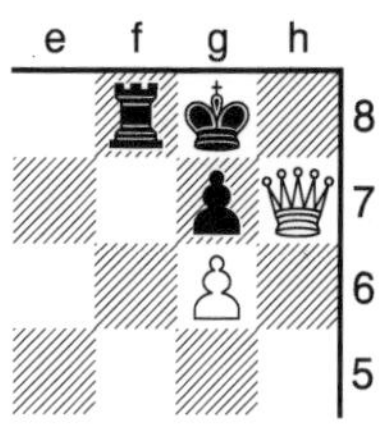

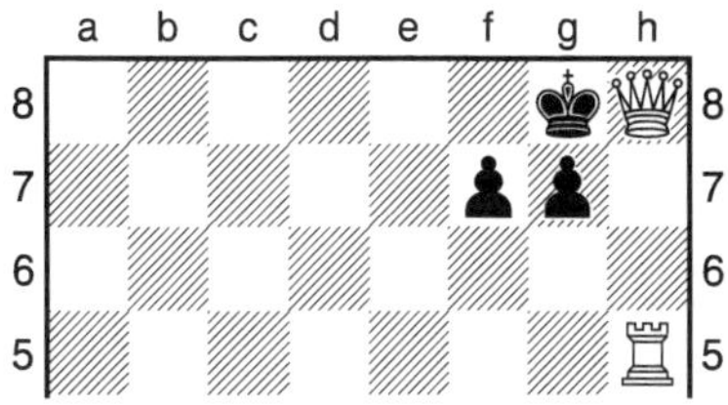

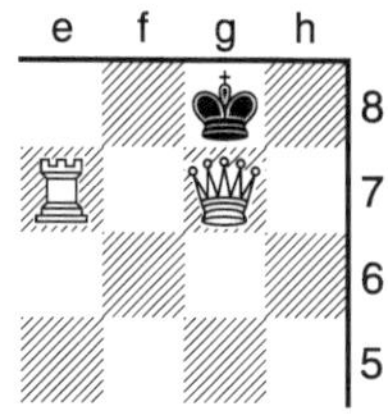

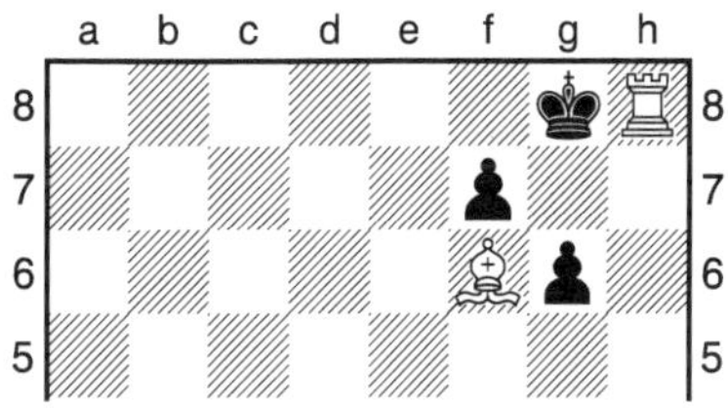

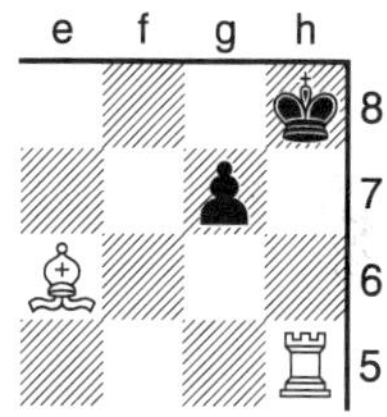

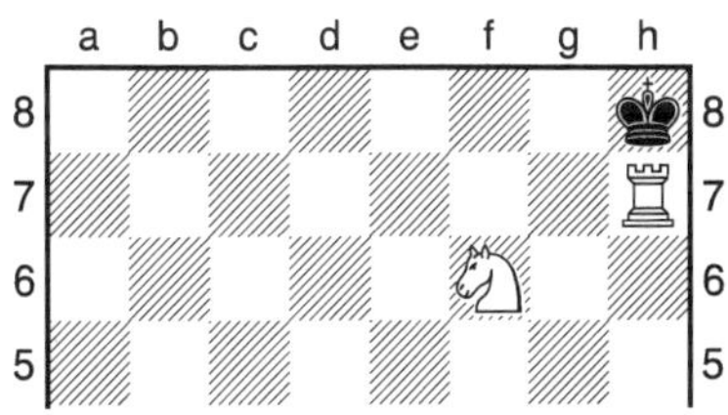

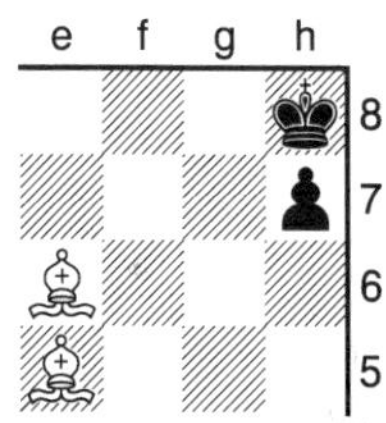

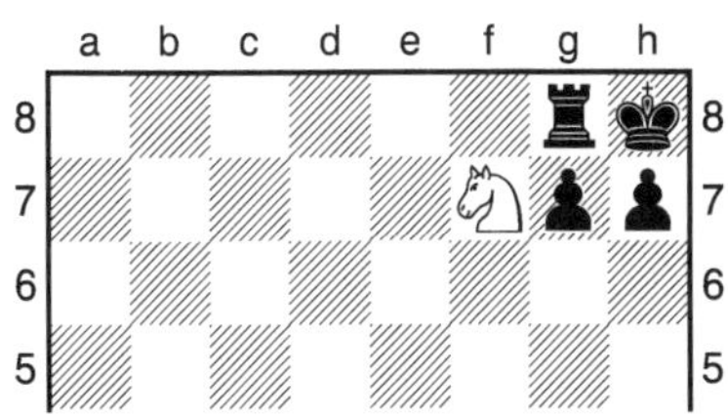

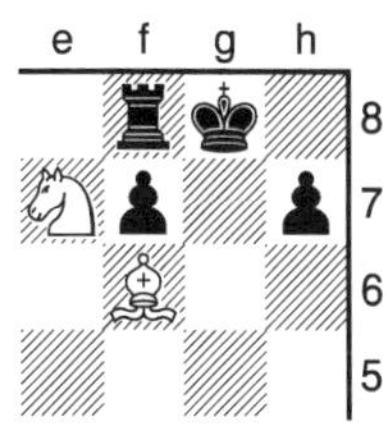

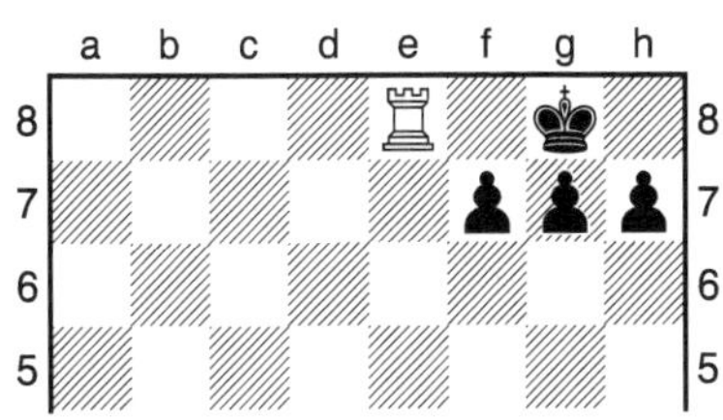

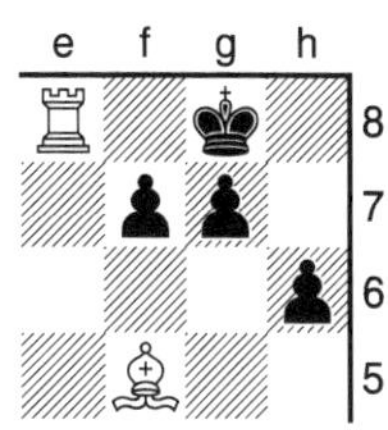

Einfache Mattsetzungen

(Lösungen auf Seite 127)

Hier geht es darum, den Zug zu finden, der den gegnerischen König matt setzt.

Wenn du (ähnlich wie bei den taktischen Motiven weiter oben) erst einmal die entscheidende Idee gefunden hast, wirst du überrascht sein, wie häufig diese Mattmuster in deinen Partien auftauchen.

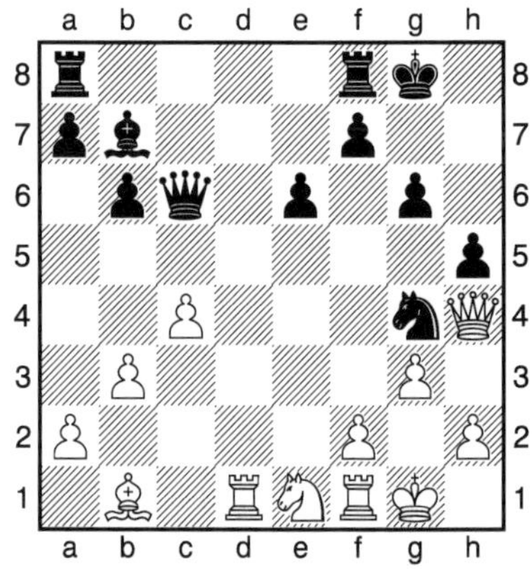

Diagramm 20

Schwarz setzt in einem Zug matt.

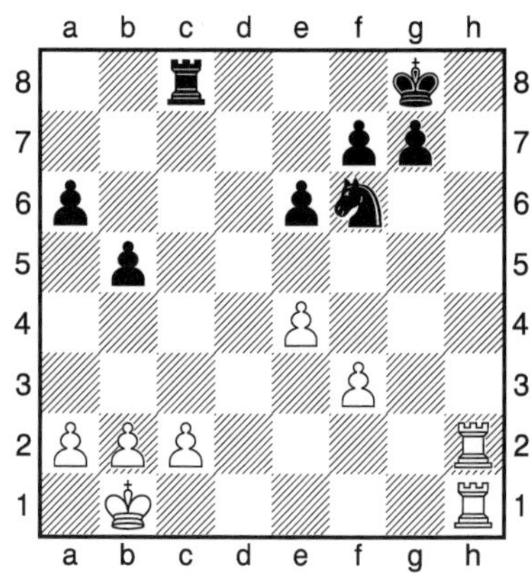

Diagramm 21

Weiß setzt in einem Zug matt.

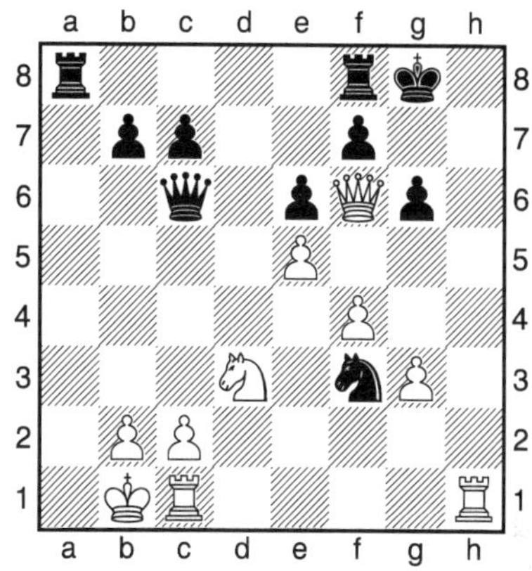

Diagramm 22

Weiß setzt in einem Zug matt.

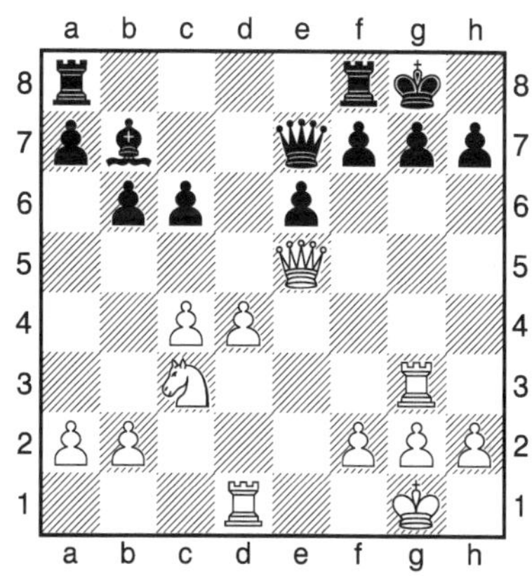

Diagramm 23

Weiß setzt in einem Zug matt.

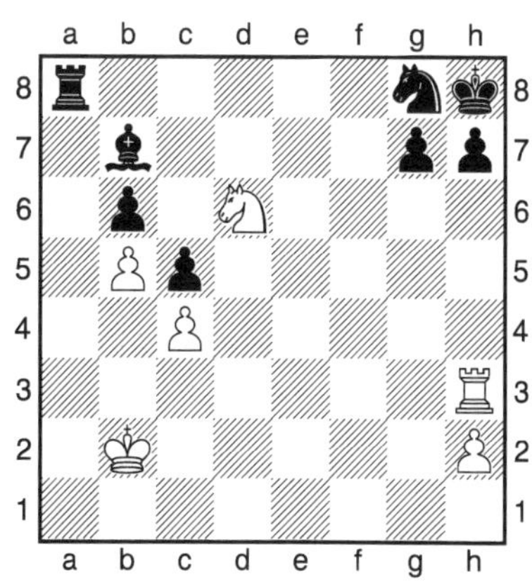

Diagramm 24

Weiß setzt in einem Zug matt.

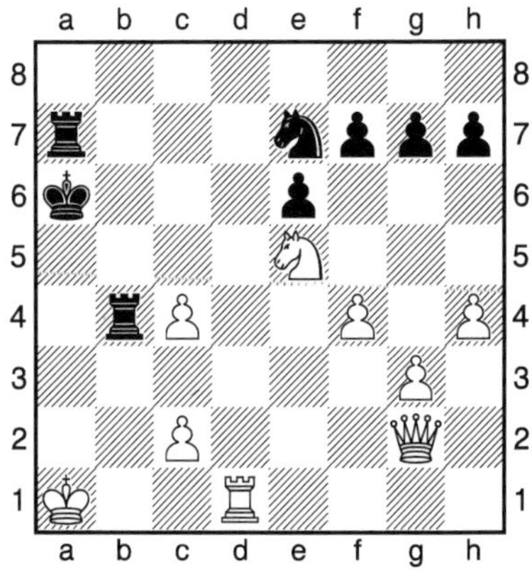

Diagramm 25

Schwarz setzt in einem Zug matt.

Weiter fortgeschrittene Mattsetzungen

(Lösungen auf Seite 127)

Die nächsten Stellungen sind etwas schwieriger und du musst über den ersten Zug hinausschauen. Allerdings werden dir die bereits behandelten grundlegenden Mattbilder dabei helfen.

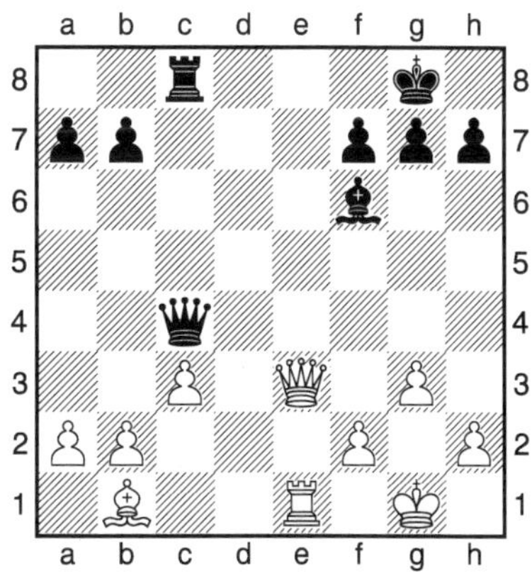

Diagramm 26
Weiß erzwingt ein Matt in zwei Zügen.

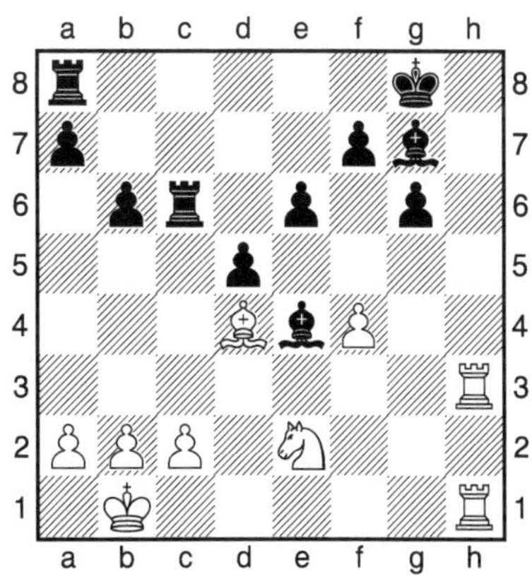

Diagramm 27
Weiß erzwingt ein Matt in zwei Zügen.

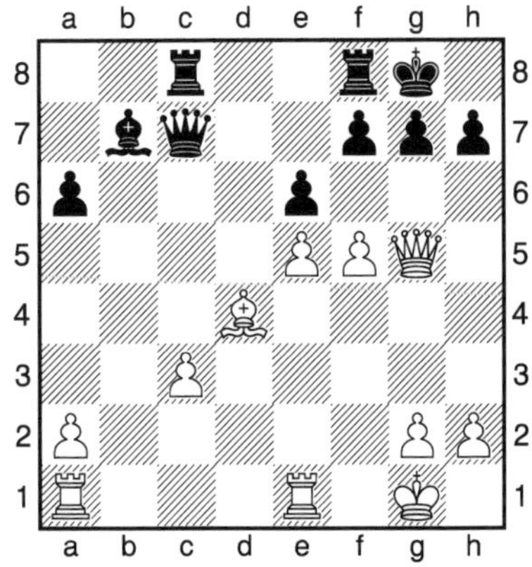

Diagramm 28

Weiß erzwingt ein Matt in drei Zügen.

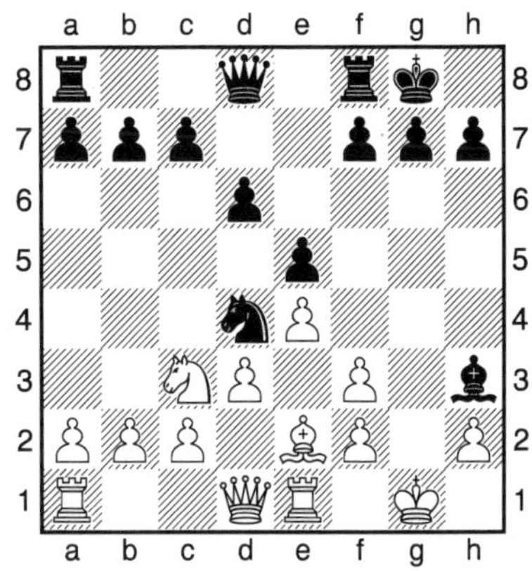

Diagramm 29

Schwarz erzwingt ein Matt in zwei Zügen.

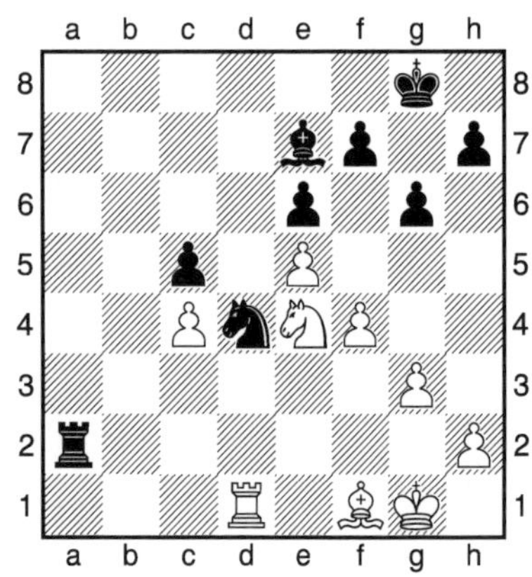

Diagramm 30

Schwarz erzwingt ein Matt in zwei Zügen.

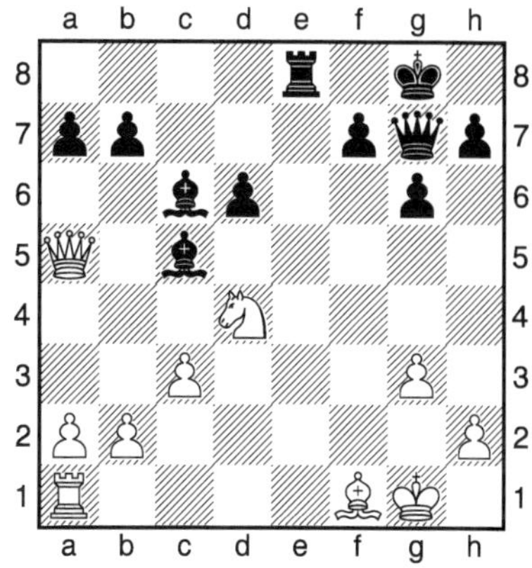

Diagramm 31

Schwarz erzwingt ein Matt in zwei Zügen.

Du kannst deine Kombinationsstärke verbessern, wenn du die richtigen Voraussetzungen dafür schaffst. Im nächsten Abschnitt wollen wir also die Voraussetzungen untersuchen, die einen Angriff überhaupt erst ermöglichen.

Die beste Chance für einen Volltreffer hast du, wenn du es schaffst, den gegnerischen König aufs Korn zu nehmen. Anhand der ersten drei goldenen Regeln haben wir bereits folgenden Sachverhalt veranschaulicht: Wenn der König im Zentrum bleibt, riskiert er, einem Angriff zum Opfer zu fallen, sobald sich die Stellung öffnet. Darum rochieren ja beide Seiten so schnell wie möglich, um den König in Sicherheit zu bringen. Also besteht die Aufgabe des Angreifers darin, den gegnerischen König aus seinem Versteck herauszutreiben. Wenn du eine offene Linie gegen den König schaffst, wachsen deine Angriffschancen sehr deutlich.

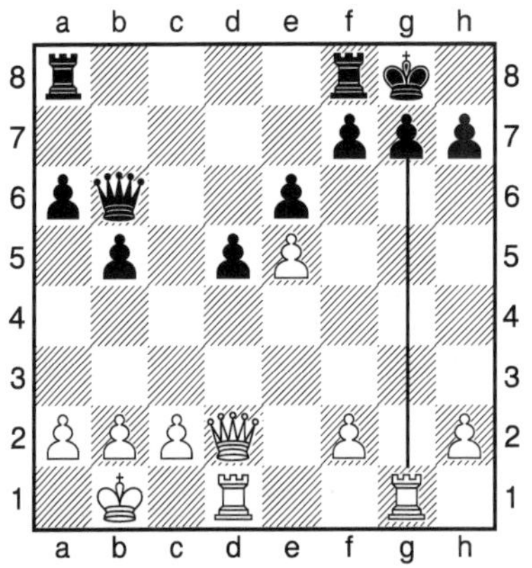

Hier wird dies bestens veranschaulicht. Der weiße Turm steht auf derselben Linie wie der schwarze König. Offenbar wird der Zugang zu diesem von einem Bauern versperrt, aber der kann ja auf ebenso einfache wie brutale Weise aus dem Weg geräumt werden.

1.	**♖xg7+**	**♔xg7**
2.	**♕g5+**	**♔h8**
3.	**♕f6+**	**♔g8**
4.	**♖g1#**	

Eine offene Linie, die zum gegnerischen König führt, garantiert noch längst kein Matt, denn es spielen ja allerlei andere Umstände eine Rolle. Gibt es z.B. genügend Angreifer? Oder hat dein Gegner Gegenspiel? Wie auch immer, verbessert eine offene Linie deine Erfolgschancen, und wenn es noch keine solche gibt, dann musst du eben daran arbeiten. Wenn beide Gegner auf unterschiedliche Flügel rochiert haben, gibt es dafür ein einfaches Rezept: Setze einen Bauern wie einen Rammbock ein, der von einem Turm zwecks Linienöffnung nach vorne getrieben wird, wie es im nächsten Beispiel gezeigt wird.

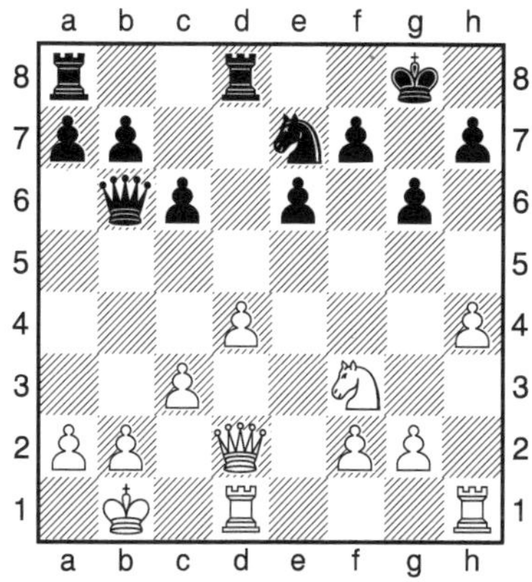

Bei richtigem Spiel hat Weiß gute Angriffschancen, wenn er mit **1.h5** die h-Linie aufbricht. Schwarz kann den nächsten Zug **2. hxg6** nicht mehr verhindern, und wenn dann noch die weiße Dame nach h6 vordringt, sollte dies in Verbindung mit dem Turm auf h1 die Entscheidung bringen.

Die folgende Stellung (mit Weiß am Zug) stammt aus einer Partie, die zwei ungarische Meister im Jahr 1979 gespielt haben. Sie ist zwar schwieriger, aber es geht um genau die gleiche Strategie – nämlich: Öffne deinen Türmen Linien zum gegnerischen König!

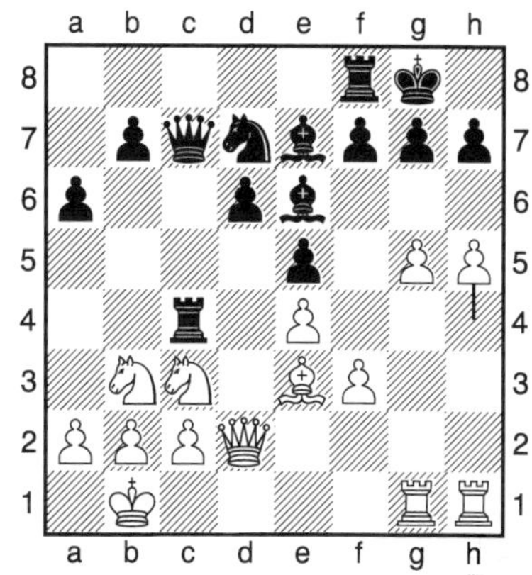

Beide Seiten haben ihre Figuren entwickelt und die Könige mittels Rochade in Sicherheit gebracht. Schwarz hat etwas Druck auf der halboffenen c-Linie, aber der vom Bauern b2 gedeckte Springer c3 wehrt diesen erfolgreich ab, so dass die weiße Königsstellung als sichere Festung angesehen werden kann.

In der anderen Bretthälfte hat Weiß bereits die Türme in Stellung gebracht, die sich Zutritt zum gegnerischen König verschaffen wollen. Im Moment sind die dortigen Linien zwar noch geschlossen, aber die Bauern sind schon weit vorgedrungen und stehen für die erste Angriffswelle bereit. Da Bauern nicht allzu wertvoll sind, kann man ruhig einen oder auch mehrere davon opfern, wenn die Stellung dafür 'reif' ist – das heißt: wenn die stärkeren Figuren den gegnerischen König unter Beschuss nehmen können.

1. g6

Mit diesem starken Zug stellt Weiß sicher, dass seine Türme zumindest *eine* offene Linie erhalten. Hätte Weiß zuerst irrtümlich 1.h6 gespielt, könnte Schwarz die Position mit 1...g6 vor seinem König abriegeln.

1. ... ♖c8

Schwarz hält am Königsflügel still. Hier ein Blick auf zwei andere Möglichkeiten.

1) Nach 1...fxg6 2.hxg6 hxg6 3.♖xg6 wird Weiß mit beiden Türmen oder sogar mit allen drei Schwerfiguren den letzten Schutzbauern des Königs angreifen.

2) Und wenn Schwarz versucht, die Stellung mit 1...h6 geschlossen zu halten, zerschmettert das Läuferopfer 2.♗xh6 gxh6 3.♕xh6 den Königsschutz, was selbstverständlich in wenigen Zügen zum Matt führt.

2. ♗h6

Das ist ein mörderischer Schlag. Zwar könnte Weiß die g-Linie direkt öffnen, aber mit dem Läuferopfer stellt er sicher, dass der schwarze König nicht entkommen kann. Nach 2...gxh6 3.♕xh6 greift die Dame in den Angriff ein, was zu einer schnellen Entscheidung führt. Die Dame ist zwar extrem stark, aber dennoch muss sie meistens mit anderen Steinen zusammenarbeiten. Beachte, wie sie im vorliegenden Beispiel erst am Angriff teilnimmt, nachdem Bauern und Figuren ihr den Weg geebnet haben.

2. ... ♗f6

3. gxh7+ ♔xh7

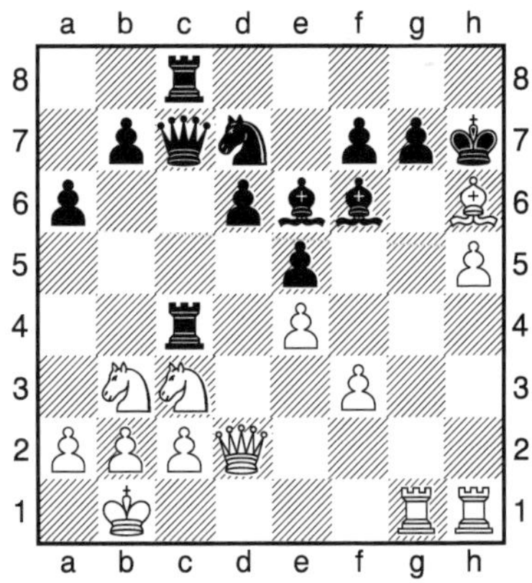

4. ♗xg7

Es ist oft wichtig und sogar erforderlich, eine Figur ins Geschäft zu stecken, um den König freizulegen.

4. ... ♗xg7

5. h6

Dies erzwingt einen Läuferzug.

5. ... ♗f6

6. ♕g2

Und Schwarz gab auf, denn es gibt keine Verteidigung mehr gegen die Drohung **7.♕g7+ ♗xg7 8.hxg7+ ♔g8 9.♖h8#**.

Wie wir gesehen haben, liegt ein Bauernangriff im Bereich des Möglichen, wenn beide Seiten auf verschiedene Flügel rochieren. Haben beide Könige jedoch auf denselben Flügel rochiert, kann ein Angriff, der auf dem Vormarsch der Bauern basiert, auf Selbstmord hinauslaufen. Du solltest also niemals die Bauern vor deinem eigenen König zu weit aufziehen, da sie diesem ja Schutz geben.

Ein Angriff ohne die Hilfe von Bauern ist schwieriger, wenn auch nicht ganz unmöglich. In solchen Fällen muss man zwecks Linienöffnung oft zu einem Figurenopfer greifen, damit der gegnerische König entblößt wird. Wie wir gesehen haben, ist es eine sehr wirksame Angriffsmethode, einen Turm in Verbindung mit der Dame einzusetzen. Es ist jedoch ziemlich problematisch, wenn der Turm zu diesem Zweck quer übers Brett ziehen muss, weil ja der Gegner mehr Möglichkeiten bekommt, das Manöver zu durchkreuzen. Wenn du aber herausfindest,dass ein solches Manöver funktioniert, dann führe es aus!

Oft schwenkt ein Turm über die 3. (bzw. die 6.) Reihe vor den gegnerischen König.

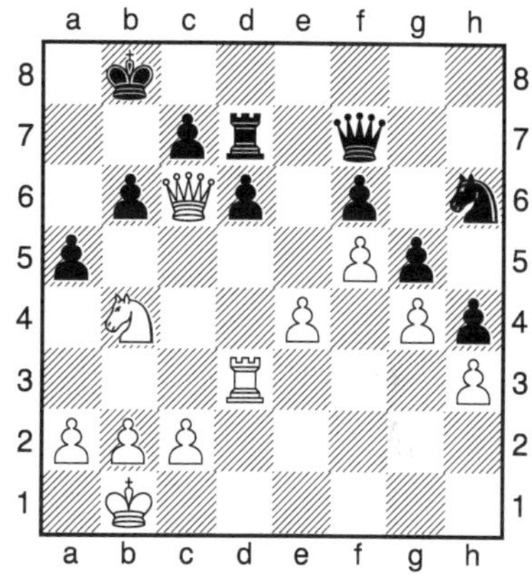

Weiß verfügt hier über eine Gewinnkombination, die auf der Kraft des Turms auf der 3. Reihe beruht.

1. ♘a6+ ♔a7

Denn auf 1...♔c8 folgt 2.♕a8#. Aber jetzt findet Weiß einen brillanten Weg, den Turm ins Spiel zu bringen.

2. ♘c5 bxc5

Auf 2...dxc5 folgt 3.♖xd7. Und nach dem Textzug kommt entscheidend der Turm auf der 3. Reihe zum Einsatz.

3. ♖a3

Nun ist 4.♖xa5+ ♔b8 5.♖a8# nicht mehr zu verhindern.

Zum Schluss dieses Kapitels noch ein Auszug aus einer anderen Partie. In einem schnell ausgeführten Angriff gegen eine Rochadestellung entscheidet wieder das Turmmanöver in leicht abgewandelter Form.

R. Keene – A. Miles

Hastings 1976

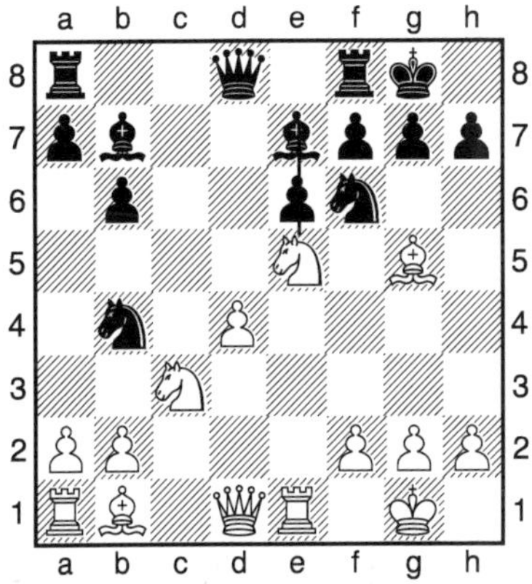

Beide Seiten haben ihre Figuren entwickelt und die Könige mittels Rochade in Sicherheit gebracht. Weiß hat einen Zentrumsbauern und einen sogenannten 'Vorposten' – nämlich einen Springer, der das wichtige Feld e5 besetzt. Obwohl die schwarze Stellung sicher genug zu sein scheint, erkennt Weiß eine Angriffschance.

14. ♖e3

Der Turm bereitet sich auf den Schwenk zur Königsseite vor. Nun lautet die unmittelbare Drohung 15.♗xf6 ♗xf6 16.♗xh7+ ♔xh7 17.♕h5+ ♔g8 18.♖h3 nebst Matt auf h7 oder h8. Allerdings ist Schwarz ein Großmeister und als solcher durchschaut er dieses Vorhaben auf den ersten Blick.

14. ... g6

Schwarz schließt die Diagonale des Läufers b1.

15. ♖g3

Jetzt rückt der Turm dem schwarzen König schon spürbarer auf den Pelz.

15. ... ♖c8

16. ♗h6

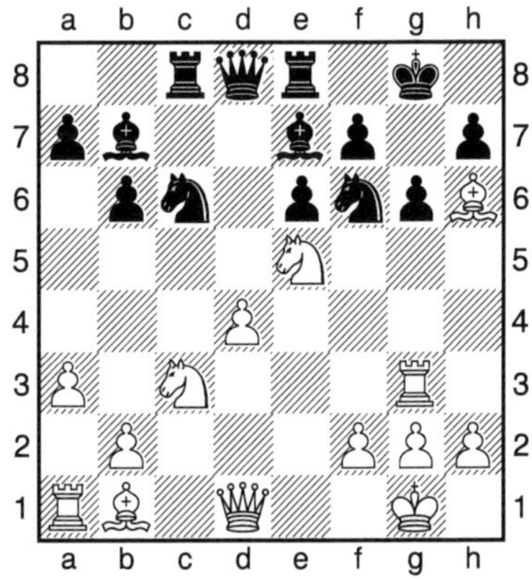

Eine zweite Figur wird gegen den König in Stellung gebracht und der angegriffene Turm muss wegziehen.

16. ... ♖e8

17. a3 ♘c6

18. ♘xg6

Nach genauer Beurteilung der

Lage ist Weiß zu dem Schluss gekommen, dass er sich sogar das Opfer von *zwei* Figuren leisten kann, um die schwarze Königsstellung aufzubrechen. Das ist natürlich sehr riskant, denn wenn diese Kombination einen Fehler enthält, hat Weiß sich materiell verausgabt und wird verlieren.

18. ... hxg6

19. ♗xg6 fxg6

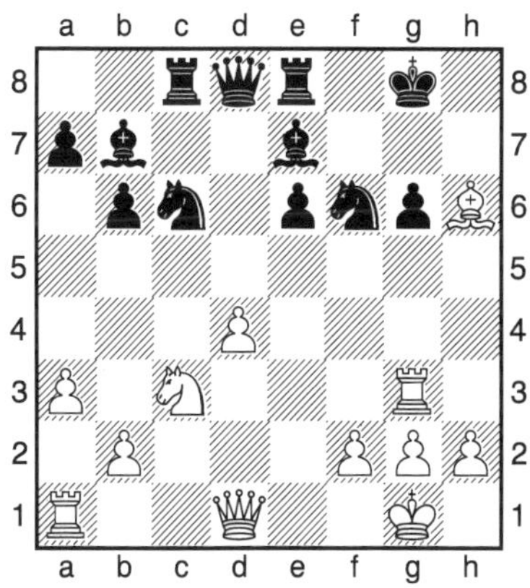

Der nächste Zug ist der schwierigste der ganzen Partie. Statt sogleich mit dem Turm auf g6 zuzugreifen, holt Weiß die Dame zu Hilfe. Dies könnte scheinbar von einem beliebigen Feld auf der Diagonale b1-h7 geschehen, aber aus taktischen Gründen ist nur ein einziges richtig.

20. ♕b1

Es sieht verrückt aus, die Dame so weit weg von ihrem Angriffsziel aufzustellen, aber die beiden 'näher gelegenen' Alternativen scheitern.

1) Gegen 20.♕d3 verteidigt Schwarz sich klug mit 20...♘e5, denn dieser Zug schützt den g-Bauern und nach 21.dxe5 ♕xd3 22.♖xd3 ♘xd5 kommt es zum Damentausch, der Angriff wird gestoppt und dann zählt allein die Mehrfigur.

2) Nach 20.♕c2 geschieht wieder 20...♘e5 und nach 21.dxe5 nutzt 21...♘e4 die Fesselung des Springers c3, um der Dame den Weg zu versperren, denn 22.♘xe4 scheitert ja an 22...♖xc2.

20. ... ♘e5

21. dxe5 ♘e4

22. ♘xe4 ♔h7

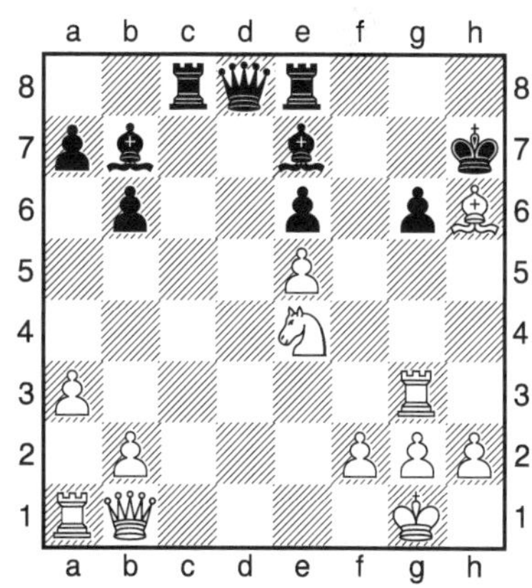

Der König selbst verteidigt den g-Bauern, aber nun dringt der Angriff durch und die Dame greift entscheidend ein.

23. ♘f6+ ♗xf6
24. ♕xg6+ ♔h8
25. ♗g7+ ♗xg7
26. ♕xg7#

Nach einer ganzen Serie von Opfern krönt Weiß seinen Angriff mit der Mattsetzung. Aber vergiss nicht: Dies alles war genaustens vorausberechnet. Und wäre die Berechnung fehlerhaft gewesen, so bliebe Schwarz mit überwältigendem Materialvorteil zurück. Leite einen Angriff also nur dann ein, wenn du sicher bist, dass du rund um den gegnerischen König genug Figuren zur Verfügung hast. Und wenn du dir nicht sicher bist, halte dich an das *Materialschach*.

Der Schäferzug

Bevor wir das Kapitel abschließen, wollen wir noch eine hinterlistige Falle erwähnen, mit der du vielleicht konfrontierst wirst, wenn dir ein reiner Trickspieler gegenübersitzt. Ein solcher wird sich nicht schämen zu versuchen, dich mit dem sogenannten *Schäferzug* nach nur vier Zügen matt zu setzen. Ein derart überstürzter Überfall auf den König darf einfach nicht funktionieren, denn hier noch einmal zur Erinnerung: Für einen erfolgreichen Angriff müssen erst die Rahmenbedingungen stimmen, und zu diesen gehört ja unter anderem, dass genügend Figuren im Einsatz sind.

1. e4 e5

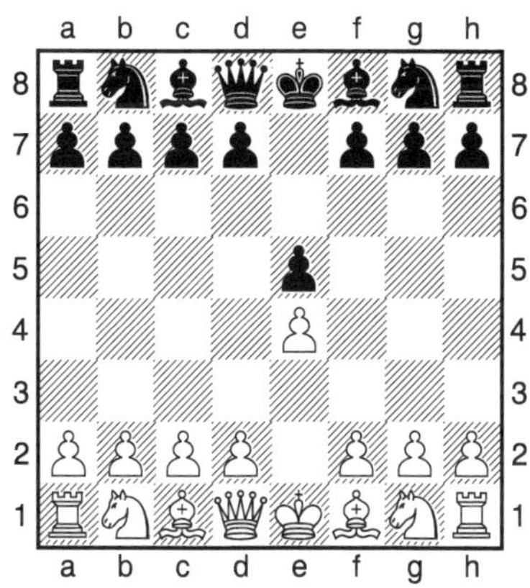

Beide Seiten entwickeln ihre Bauern auf bereits erwähnte solide und effektive Weise.

2. ♗c4 ♗c5

Auch diese Züge sind gut, obwohl man ja als Schwarzer nicht alles symmetrisch nachmachen muss.

3. ♕h5

Genau das ist der Zug, um den es geht, denn wenn Schwarz jetzt schläft und nichtsahnend den angegriffenen e-Bauern verteidigt ...

3. ... ♘c6

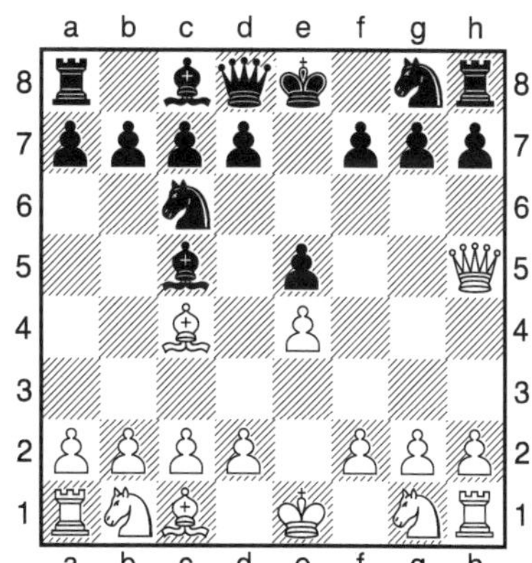

... geschieht das Unglück.

4. ♕xf7#

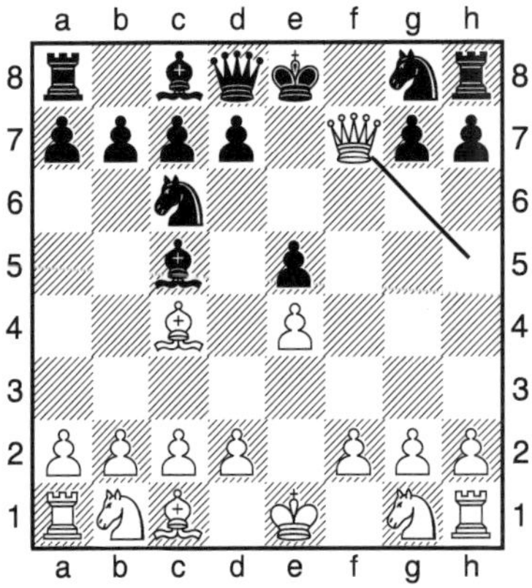

Aber kehren wir noch ein mal zu der Stellung zurück, als die weiße Dame auf h5 erschien (siehe Diagramm rechts) , denn selbstverständlich hat Schwarz sogar mehrere Möglichkeiten, das Matt zu verhindern. Die beste ist 3...♕e7 (Hingegen wäre 3...g6 wegen 4.♕xe5+ 5.♕xh8 ein schwerer Fehler.), um auch den Bauern e5 zu verteidigen und im nächsten Zug mit 4...♘f6 fortzusetzen. Damit wird die gegnerische Dame zum Rückzug gezwungen und Weiß verliert wertvolle Zeit.

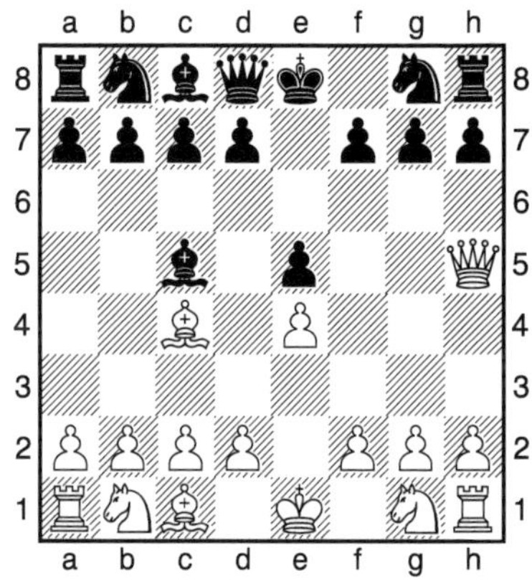

Teil 3 – Das Endspiel

Einführung

Was geschieht, falls beide Seiten den heftigen gegnerischen Ansturm im Mittelspiel überleben und es zu einem Endspiel kommt? Im letzten Kapitel kannst du lernen, wie man spielen muss, wenn nur noch wenige Steine auf dem Brett sind.

Regel 8

Mache dich mit den einfachen Mattführungen vertraut!

Angenommen, du erreichst das Endspiel mit Materialvorteil: Wonach hältst du Ausschau? – Im Schach kann man nicht nach Punkten gewinnen, sondern man muss den Gegner matt setzen. Und um dieses Ziel zu erreichen, ist es zunächst wichtig, die einfachsten Mattführungen zu kennen, die man übrigens 'technische Mattführungen' nennt, weil sie ja keinerlei Phantasie erfordern. Beginnen wir mit der leichtesten von dieser Sorte.

König und Dame gegen König

Obwohl die Dame die stärkste Figur ist, wissen wir, dass sie nicht allein matt setzen kann, sondern Hilfe benötigt, im gegebenen Fall die Hilfe des Königs.

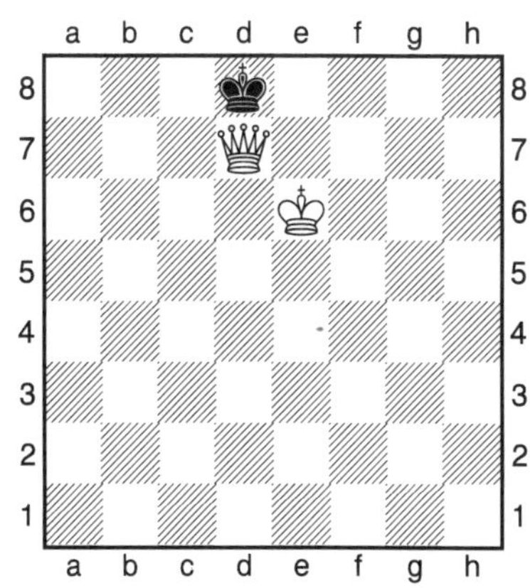

In der ersten Stellung setzt die Dame auf dem Feld d7 matt.

Der schwarze König steht im Schach und kann nicht wegziehen. Auch kann er die Dame nicht schlagen, weil diese ja vom weißen König geschützt wird.

Auch in der folgenden Stellung setzt die Dame am Brettrand matt.

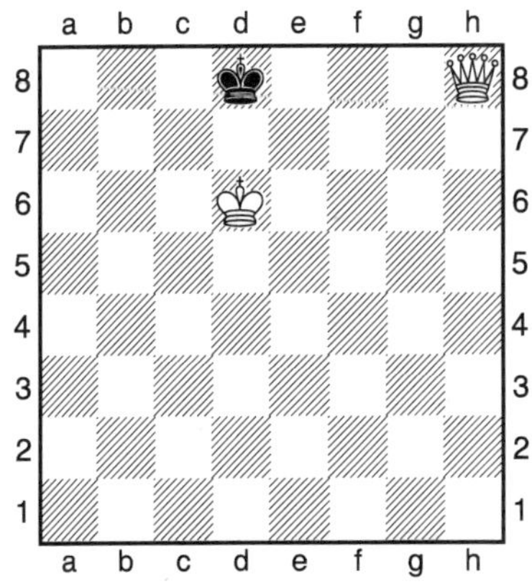

Der schwarze König kann nicht entkommen, weil der weiße König ihn daran hindert.

Aus diesen beiden Beispielen können wir bereits eine zweite wichtige Schlussfolgerung ziehen: Der König kann nur am Brettrand matt gesetzt werden! Und deshalb besteht die erste Aufgabe darin, den König an den Rand zu treiben. Im folgenden Abspiel kannst du nicht nur lernen, wie man den gegnerischen König an den Rand treibt, sondern dort sogar in eine Ecke.

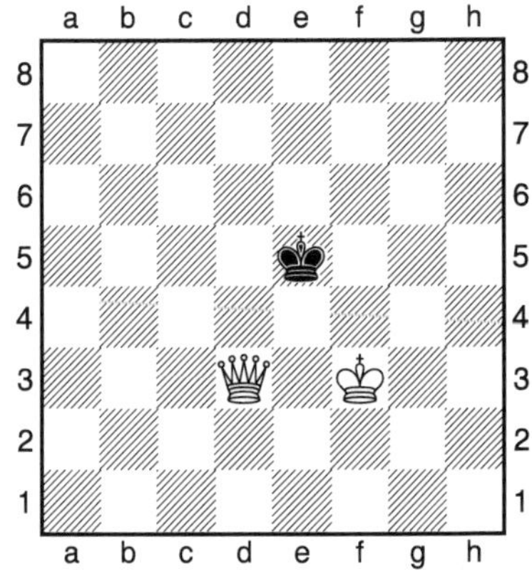

1. ♕c4

Wenn man den feindlichen König zurücktreibt, besteht der wichtigste Kniff darin, zunächst seine Zugmöglichkeiten mehr und mehr einzuschränken, *ohne dabei pausenlos Schach zu bieten*. Im Prinzip kommt man sogar ganz ohne Schachgebote aus – bis auf eines, welches dann gleichzeitig matt setzt.

1. ... ♔f5

2. ♕d5+

Nun muss der schwarze König bereits zurückweichen.

2. ... ♔f6

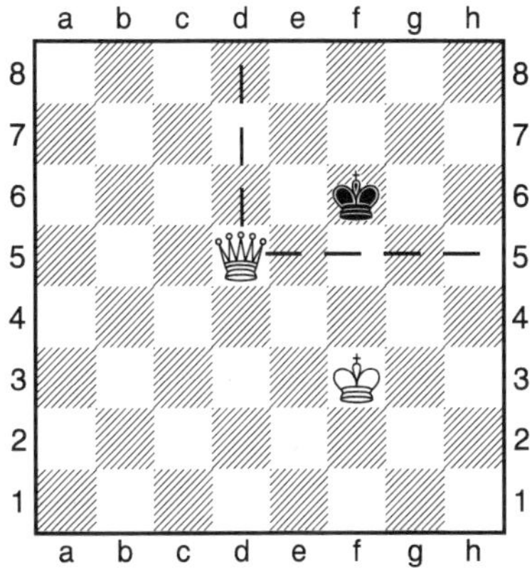

Der ganze Ablauf zeigt, wie die Dame einen Käfig baut, damit der gegnerische König nicht fliehen und der eigene angenähert werden kann.

3. ♔f4 ♔e7

4. ♕c6

Wieder schränkt die Dame die Bewegungsfreiheit des Königs ein, diesmal längs der 6. Reihe.

4. ... ♔f7

5. ♔f5 ♔e7

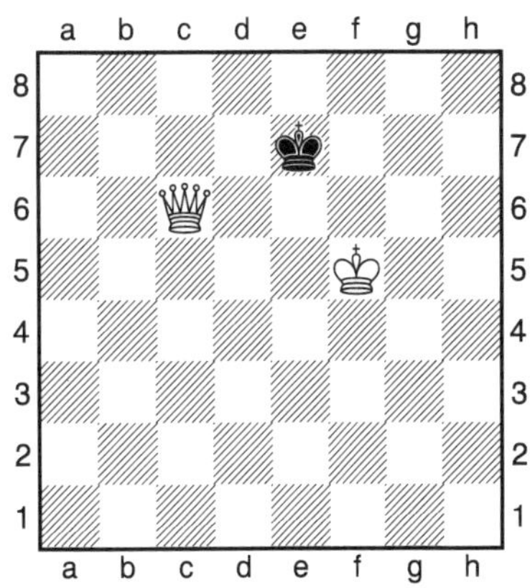

6. ♕c7+

Weiß drängt den König auf die letzte Reihe und jetzt ist das Matt nicht mehr fern.

6. ... ♔f8

7. ♔f6 ♔g8

8. ♕g7#

Natürlich fühlt man sich wohl, wenn man Schach bieten kann, weil der Gegner den Angriff erst parieren und seinen eigenen Plan deshalb zurückstellen muss. Wie sagte dazu einer der alten Meister? – *Wenn ich Schach gebe, fürchte ich nichts und niemand!* – Beachte aber, dass ein guter Spieler ein Schach nur dann gibt, wenn es sinnvoll ist, und dieser Grundsatz gilt nicht nur im Endspiel!

Nun ein extremes Beispiel für das genaue Gegenteil, dass man nämlich auch die Verkleinerung des Käfigs nicht übertreiben darf.

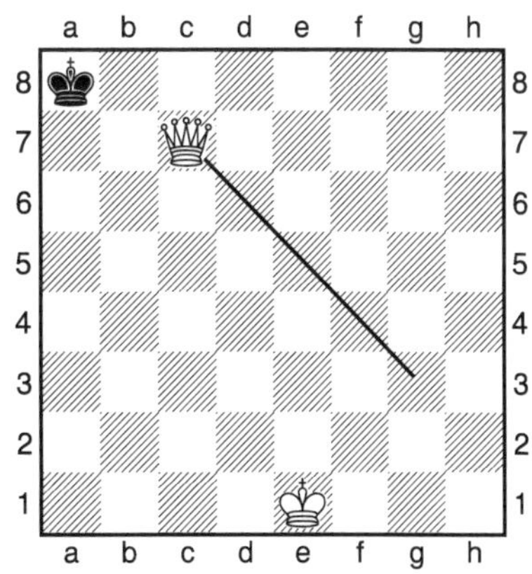

Achte auf die Endspielfalle *Patt*.

Steht der König in der Ecke, gehe nicht zu nah mit der Dame an ihn heran. Angesichts der Dame auf c7 verfügt Schwarz über keinen regulären Zug. Der König darf nicht in ein Schachgebot ziehen, und da er momentan auch keinem ausgesetzt ist, ist Schwarz patt gesetzt und die Partie endet mit einem Remis.

König und Turm gegen König

Beim ersten Anlauf sieht es vielleicht schwieriger aus, mit einem Turm statt mit der Dame matt zu setzen, aber die Technik ist ziemlich ähnlich. Zunächst wird die Freiheit des gegnerischen Königs durch Teamarbeit der eigenen Figuren eingeschränkt.

Schau dir zuerst die beiden folgenden einfachen Mattbilder an, denn dann weißt du, welches Ziel du anstreben musst. Das erste hatten wir bereits, allerdings mit einer Dame anstelle des Turms, und tatsächlich sind Dame und Turm in dieser Stellung beliebig austauschbar.

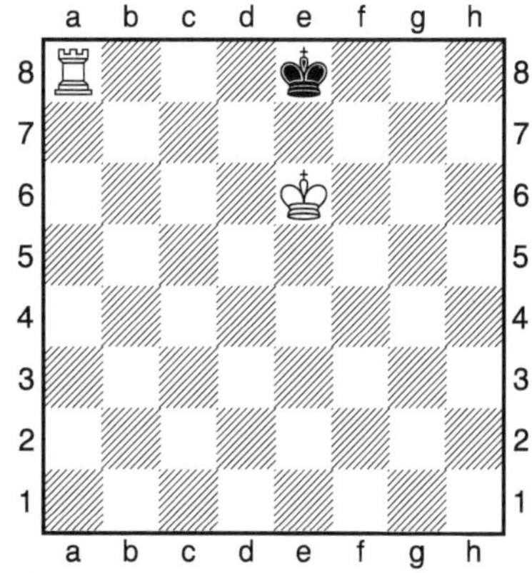

Ein anderes Mattbild ergibt sich in einer Ecke des Bretts, aber auch dabei muss der König helfen.

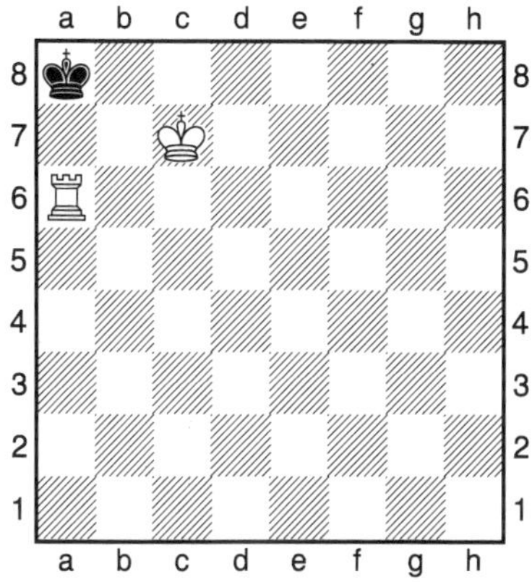

Genau wie beim Matt mit König und Dame muss auch hier der König an den Brettrand gedrängt werden. Anhand des folgenden Diagramms kann man veranschaulichen, wie das am besten geht. Wieder besteht die richtige Technik darin, zunächst die Beweglichkeit des gegnerischen Königs einzuschränken.

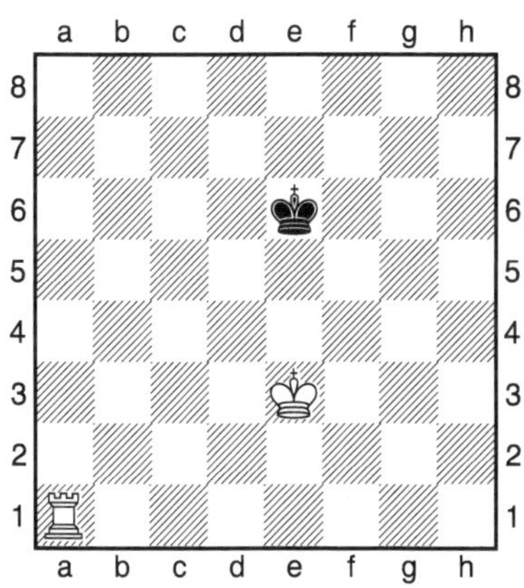

1. ♖a5

Nun ist der König längs der 5. Reihe abgeschnitten.

1. ... ♔d6

2. ♔d4

Wieder muss der Königs zur Unterstützung herangeführt werden.

2. ... ♔c6

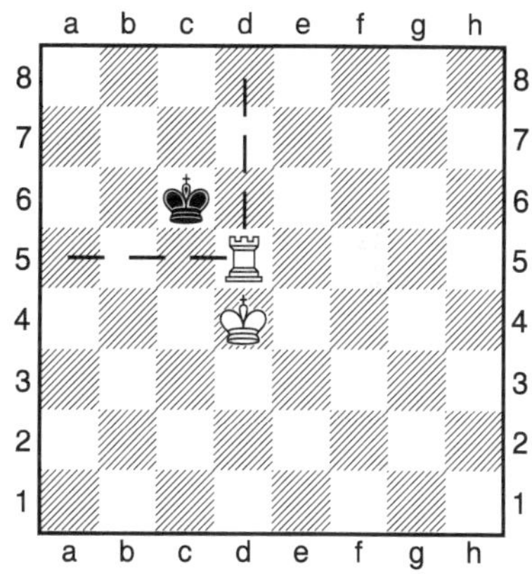

Das ist der beste Zug: Statt eines Schachgebots wird die Beweglichkeit des Königs weiter eingeschränkt. Dieser ist nun gefangen und die Schlinge zieht sich weiter zu.

3. ... ♔b6

4. ♖c5 ♔b7

5. ♔d5

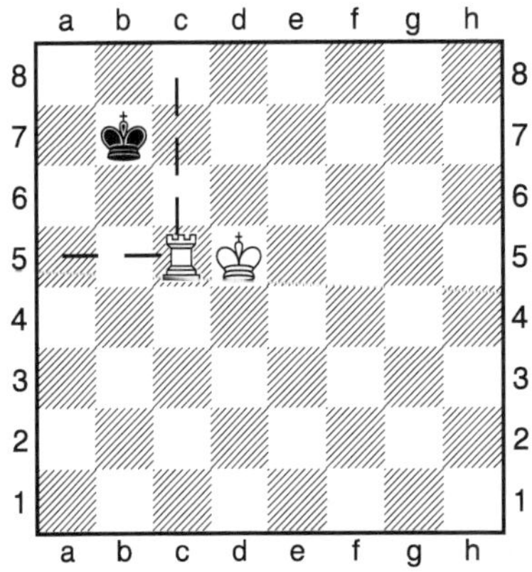

Da der gegnerische König nicht weiter abgedrängt werden kann, ist jetzt die Hilfe des eigenen erforderlich.

5. ... ♔b6

6. ♔d6

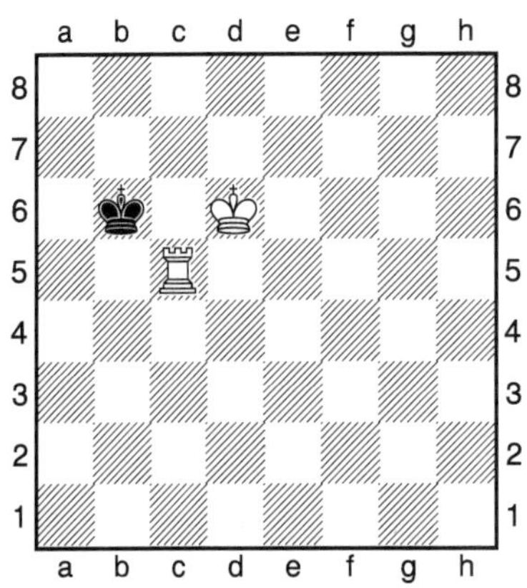

Wieder kann die Stellung des Turms nicht verbessert werden, wohl jedoch die des Königs.

6. ... ♔b7

7. ♖c6

Der Käfig wird weiter verkleinert.

7. ... ♔b8

8. ♖c7

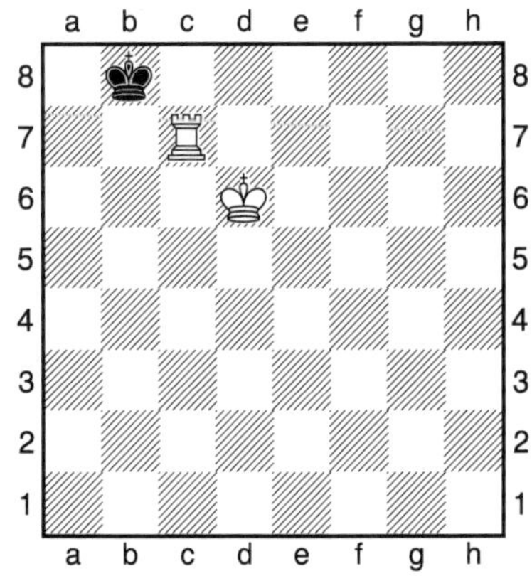

Nun ist der König auf der letzten Reihe gefangen und kann nur zwischen zwei Feldern hin- und herpendeln.

8. ... ♔a8

9. ♔c6 ♔b8

10. ♔b6 ♔a8

11. ♖c8#

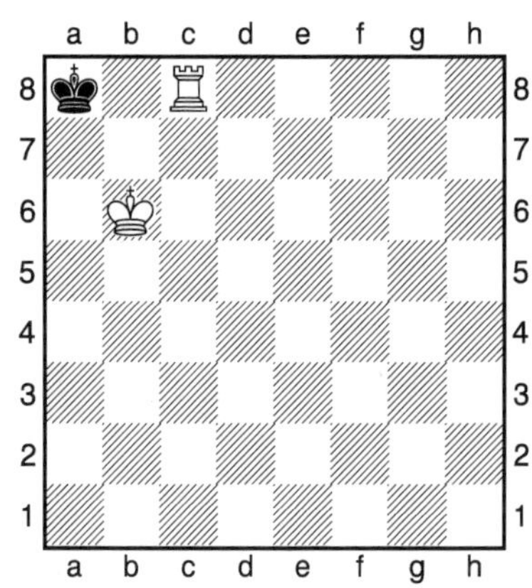

Beachte, dass es auch bei der Zurückdrängung des Königs in die Brettecke wichtiger ist, ihm immer mehr Felder zu nehmen, als wahllose Schachgebote aneinanderzureihen. Am besten übst du diese einfachen Mattführungen mit einem Spielpartner, denn diese einfachen Techniken musst du sozusagen im Schlaf beherrschen.

Zwei Türme gegen den König

Das Matt mit zwei Türmen ist das leichteste der einfachen Endspiele und wieder geht es zunächst darum, die Beweglichkeit des gegnerischen Königs einzuschränken.

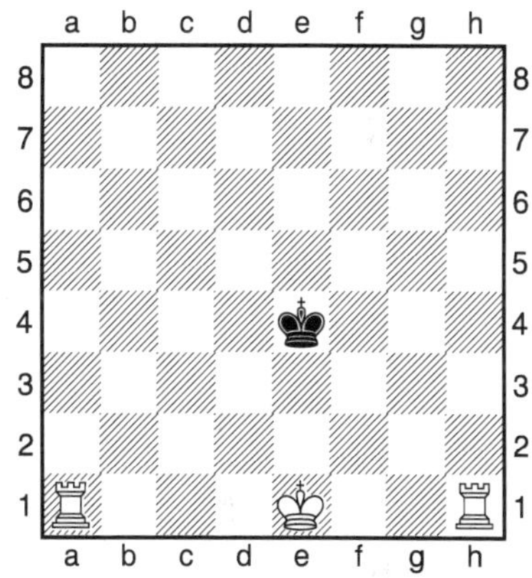

1. ♖h3

Die Einkesselung beginnt.

1. ... ♔f4

2. ♖a4+

Der König muss zurückweichen.

2. ... ♔f5

3. ♖h5+ ♔g6

4. ♖b5

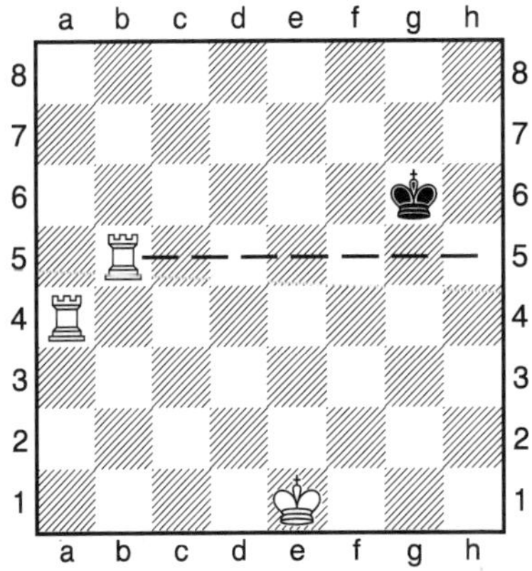

Das ist der beste Zug. Türme sind sogenannte 'langschrittige' Figuren und arbeiten am besten, wenn sie weit genug vom feindlichen König entfernt sind, denn dann beherrschen sie viele Felder und können nicht vom König gestört werden.

4. ... ♔f6

5. ♖a6+

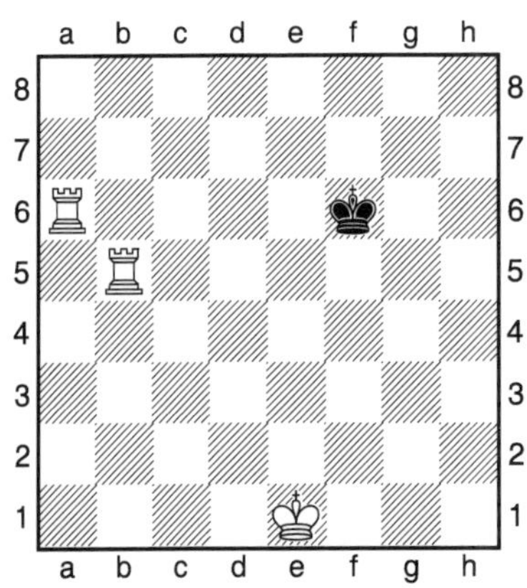

Während der eine Turm den König absperrt, treibt der andere ihn mit einem Schachgebot weiter zurück.

5. ... ♔e7

6. ♖b7+ ♔d8

7. ♖a8#

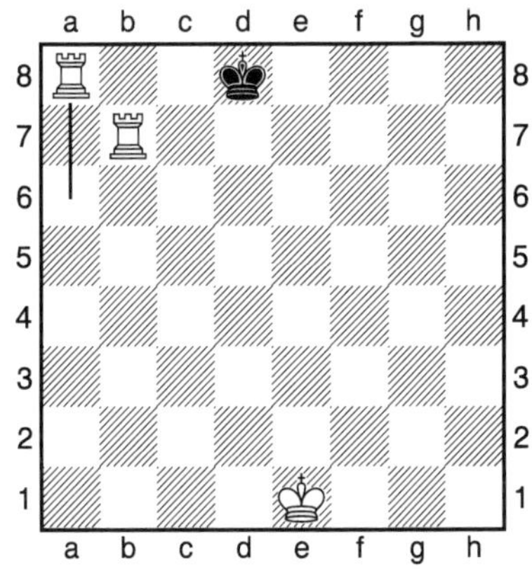

Bei der Mattsetzung arbeiten die Türme großartig als Team zusammen. Sie bewegen sich wie die beiden Teile einer Schere, bis der König nicht mehr entkommen kann. Im Gegensatz zur Mattführung mit Dame oder Turm wird der eigene König dabei überhaupt nicht benötigt und kann in aller Ruhe aus der Ferne zuschauen.

Regel 9

Verschaffe dir eine neue Dame!

Wenn du gegen einen ungefähr gleich starken Gegner spielst, kann es zu einem Endspiel mit ausgeglichenen Materialverhältnissen kommen. In diesem Fall kannst du natürlich kein einfaches technisches Matt erzielen, sondern musst dir zuerst eine neue Dame verschaffen, indem du einen Bauern auf die gegnerische Grundreihe bringst und ihn in eine Dame verwandelst.

Merke: Zwar darf man sich auch einen Turm, Läufer oder Springer wünschen, aber weil ja die Dame die stärkste Figur ist, wird man sich meistens dafür entscheiden.

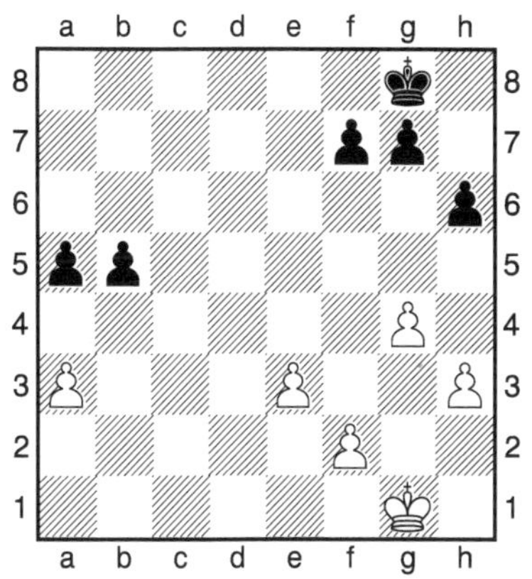

Schwarz kann diese Stellung leicht gewinnen, indem er einen Bauern auf die weiße Grundreihe treibt und sich eine Dame holt.

1. ... b4

2. axb4 axb4

3. ♔f1

Der König versucht den Bauern zu stoppen, kommt jedoch nicht rechtzeitig.

3. ... b3

4. ♔e1 b2

5. ♔d2 b1♕

Mit der neuen Dame wird Schwarz leicht gewinnen.

Nun Schau dir die folgenden etwas schwierigeren Stellungen an und suche jeweils den richtigen Zug, um einen Bauern auf das Umwandlungsfeld zu bringen und in eine Dame zu verwandeln.

(Lösungen direkt im Anschluss)

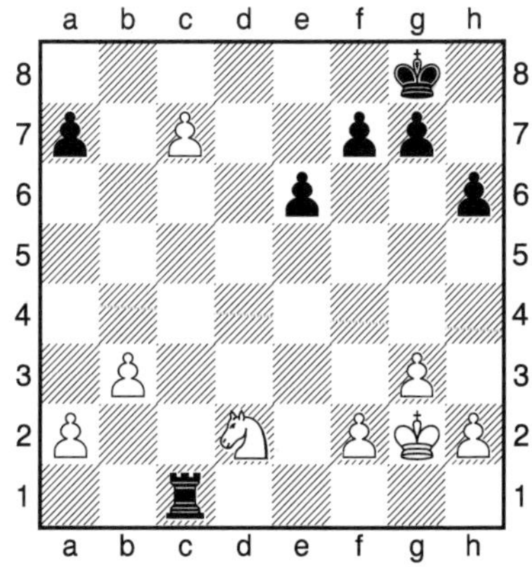

Weiß zieht

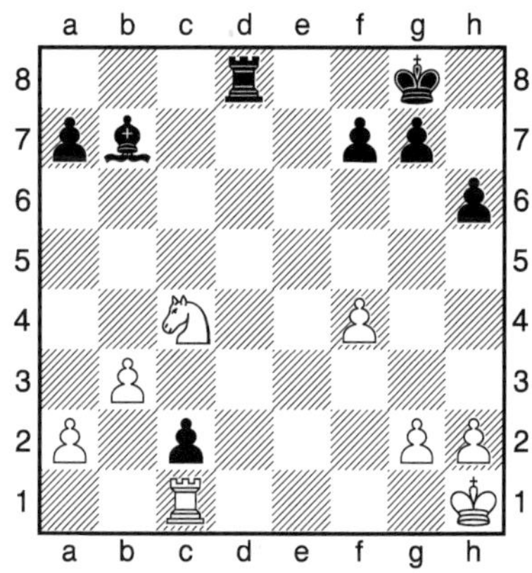

Schwarz zieht

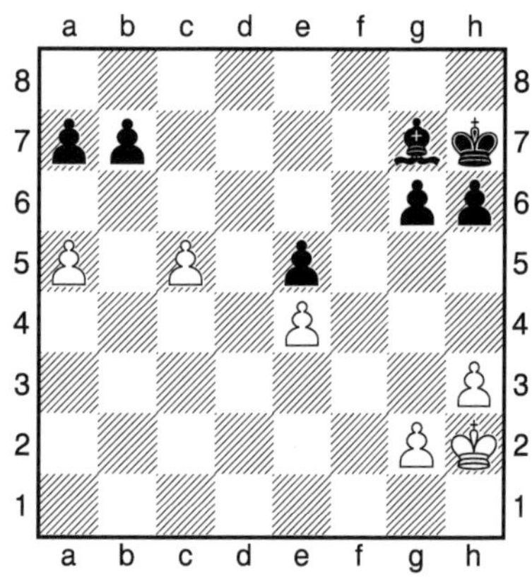

Weiß zieht

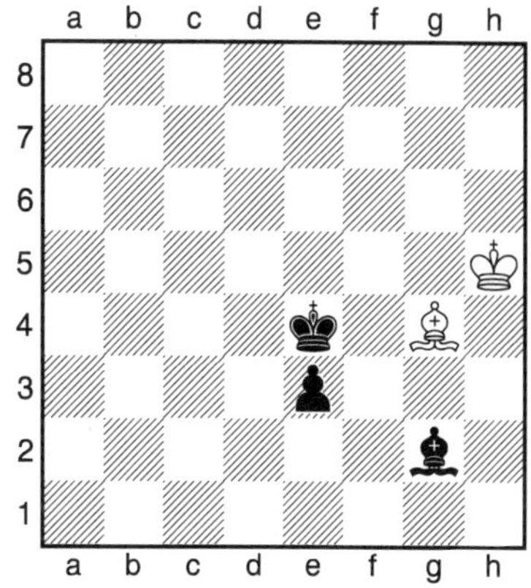

Schwarz zieht

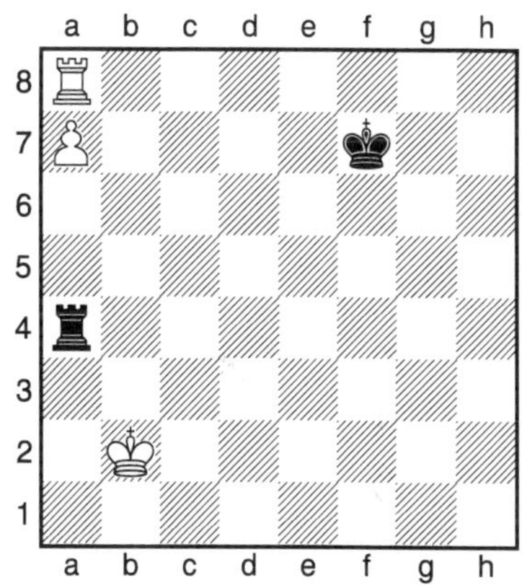

Weiß zieht

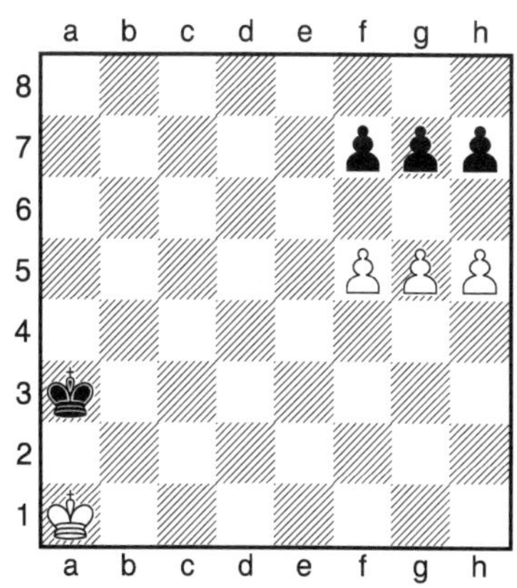

Weiß zieht

Lösungen:

1.♘c4

Sofort 1.c8♕ ist natürlich ganz schlecht, weil ja die neue Dame sogleich vom Turm c1 geschlagen wird. Stellt man jedoch den Springer nach c4, wird der Zugriff des Turms auf den Bauern blockiert und Schwarz kann die Umwandlung des Bauern in eine Dame nicht mehr verhindern.

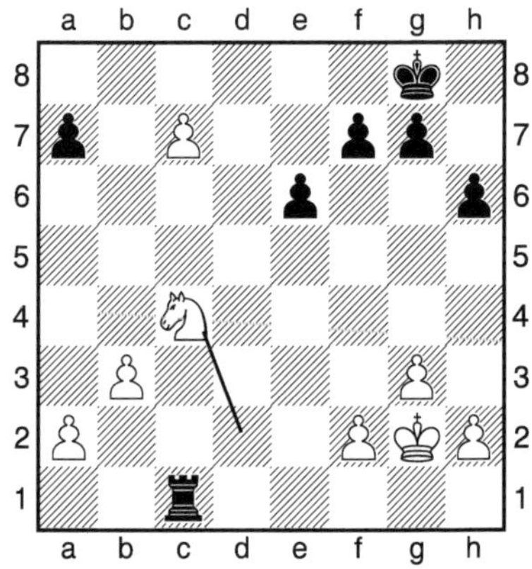

Nach **1...♖d1+ 2.♖xd1 cxd1♕#** bekommt Schwarz nicht nur eine neue Dame, sondern diese setzt augenblicklich matt.

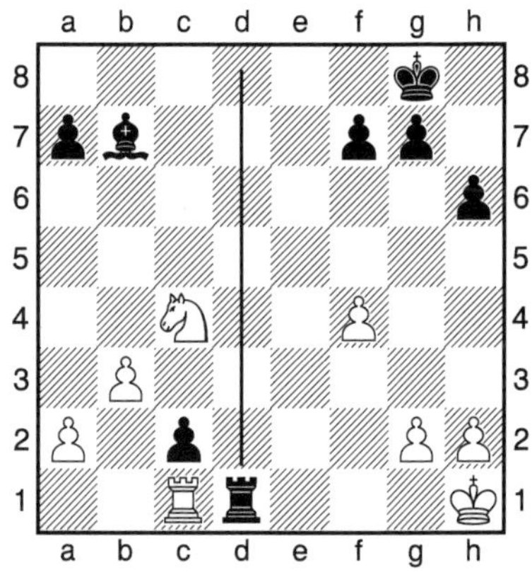

Obwohl Weiß einen Läufer weniger hat, kann er unter Opfer des a-Bauern zwingend einen Bauern in eine Dame verwandeln: **1.a6 bxa6 2.c6** und der c-Bauer ist nicht mehr aufzuhalten.

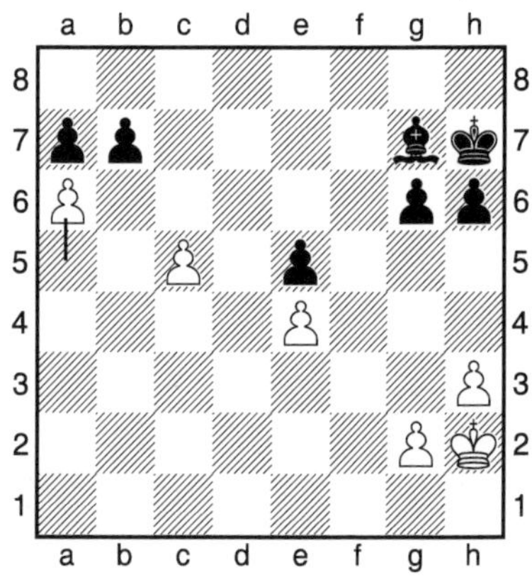

Am leichtesten gelangt der Bauer aufs Umwandlungsfeld, wenn du den feindlichen Läufer mit 1...♗f3 abschneidest, denn nach dem Abtausch 2.♗xf3+ ♔xf3 läuft der e-Bauer nach e1.

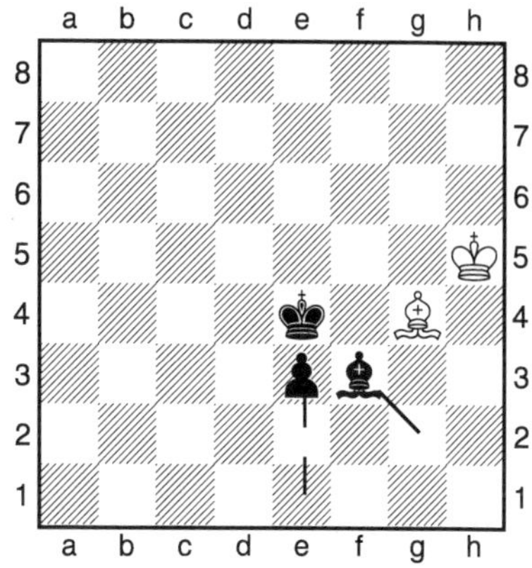

Obwohl der weiße Bauer nur ein einziges Feld vor der Umwandlung steht, gibt es nur einen einzigen Gewinnweg – und zwar den pfiffigen Turmzug **1.♖h8**.

Danach droht die Bauernumwandlung, so dass Schwarz 1...♖xa7 spielen muss – und scheinbar überlebt. Aber nein, denn nach dem teuflischen Spieß 2.♖h7+ ♔g6 3.♖xa7 gewinnt Weiß.

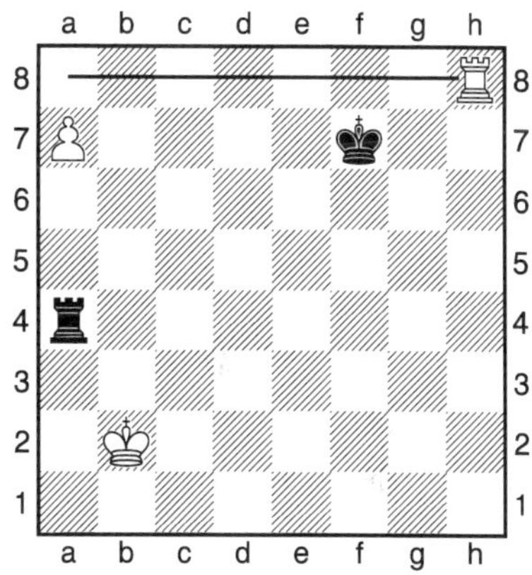

Weiß kann einen Bauern durchbringen, indem er zwei andere opfert. Man beginnt mit **1.g6**.

Hast du diesen Zug gefunden? Gut gemacht. Ein großartiger Trick. Daran kann ich dir sehr gut zeigen, wie ein Durchbruch im Endspiel funktioniert. Entschuldige bitte, wenn die Aufgabe zu schwer war. Nach **1...fxg6 2. h6 gxh6 3. f6** wandelt sich der f-Bauer um. Nach

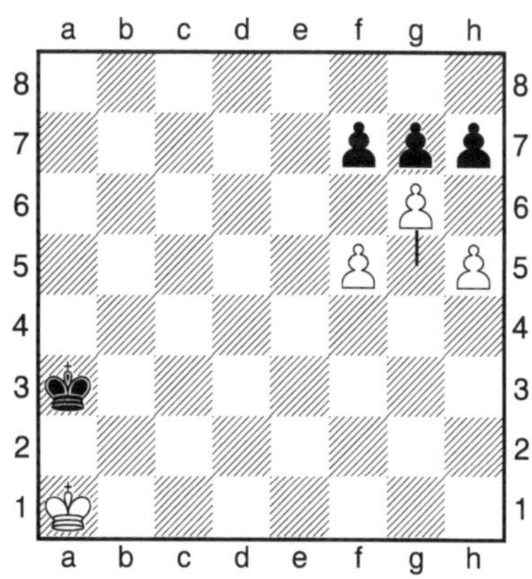

1... hxg6 2. f6 gxf6 3. h6 der h-Bauer.

In diesen Stellungen hatte entweder die eine oder die andere Seite einen Bauern kurz vor der Umwandlung. Beachte jedoch, dass dieser nicht etwa durch Zufall so weit vordringen kann. Falls du im Endspiel einen Freibauern hast, dann treibe ihn voran. Unter Umständen kann man seinen Gegner auf diese Weise davon abhalten, seine eigenen Plänen auszuführen.

Um dir zu zeigen, dass ich die Dinge, die ich lehre, auch tatsächlich anwende, zeige ich dir eine Stellung aus einer meiner eigenen Partien.

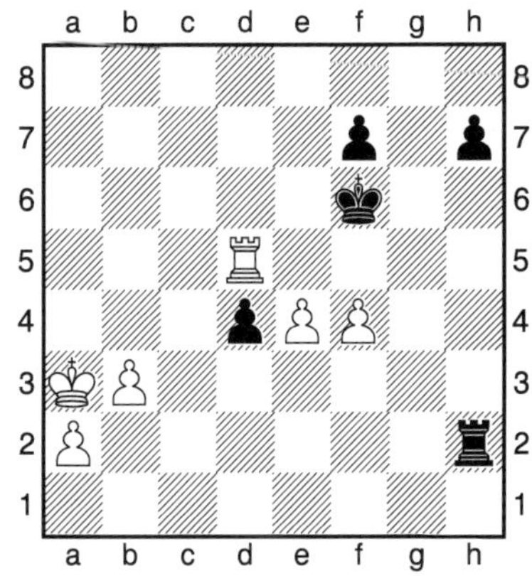

In dieser Stellung aus der Partie **King – Webb**, London 1994, ist Weiß am Zug. Ich habe schon einen Bauern mehr und kann mit 1.♖xd4 einen zweiten schlagen. Das mag zwar auch gewinnen, aber im Endspiel ist es oft besser, sich so schnell wie möglich eine neue Dame zu verschaffen.

Was ist ein Freibauer?

Ein Freibauer ist ein Bauer, der auf dem Weg zur gegnerischen Grundreihe von keinem gegnerischen Bauern mehr aufgehalten werden kann. In der Ausgangsstellung gibt es vier Freibauern, nämlich bei Weiß a2 und b3 – bei Schwarz d4 und h7.

In der Partie machte ich mir Sorgen: Wenn ich Zeit verschwende, kann mein Gegner dann nicht mit dem gefährlichen Vorstoß 1...h5 einen seiner eigenen Freibauern vorantreiben? – Und deshalb beschloss ich, lieber selbst sofort einen Freibauern in Richtung Umwandlungsfeld laufen zu lassen. Denn auch im Endspiel lautet das Schlüsselwort *Aktivität*!

1. b4

Obwohl der Bauer noch einen weiten Weg bis zur Umwandlung vor sich hat, stellt er für Schwarz bereits ein gehöriges Problem dar, denn sein König kann ja nicht einfach losmarschieren, um ihn aufzuhalten. Man beachte die wunderbar zentrale Stellung des weißen Turms.

1. ... ♖f2

Schwarz greift einen Bauern an, aber das kümmert mich nicht und ich weiche nicht mehr von meinem Plan ab.

2. b5 ♖xf4

3. ♖xd4

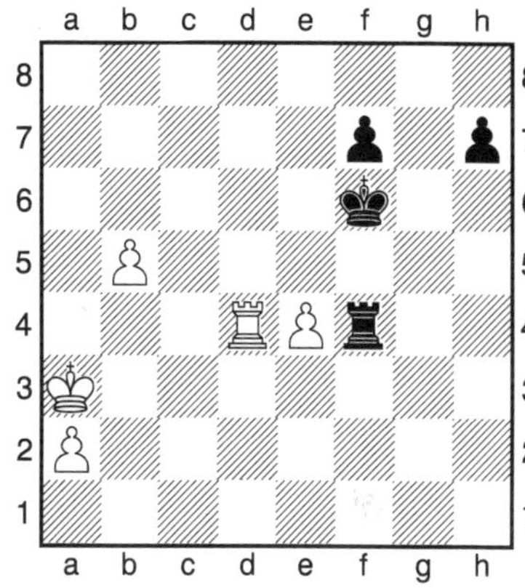

Jetzt kann ich diesen Bauern nehmen, denn Schwarz kann seinen eigenen Bauern nicht vorantreiben, denn auf 3...h5 folgt einfach 4.e5+ ♔xe5 5.♖xf4 ♔xf4 6.b6 und der Vormarsch und die Umwandlung des Bauern sind nicht mehr zu verhindern.

3. ... ♔e5

Schwarz verhindert diesen Trick, aber nun arbeitet der Turm an anderer Stelle sehr effektiv weiter.

4. ♖b4

Mit einem Turm im Rücken bekommt der Bauer sozusagen mehr Muskeln und der gegnerische Turm muss sich beeilen, um ihn noch aufzuhalten.

4. ... ♖g4

5. b6 ♖g8

6. b7 ♖b8

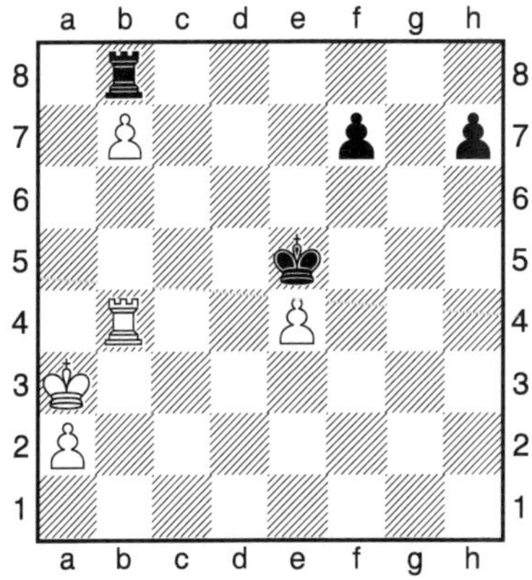

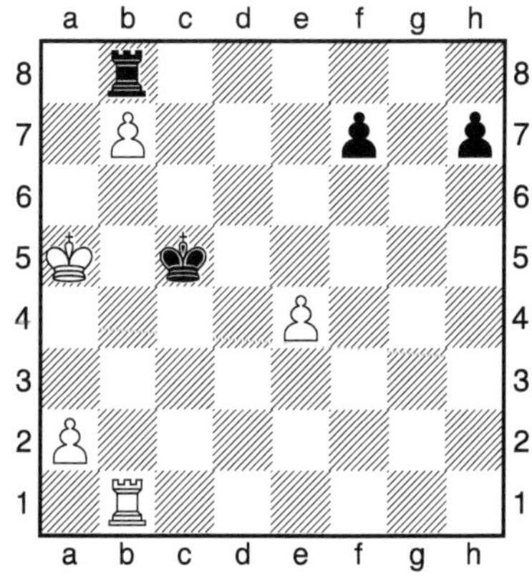

Nun steht der Turm völlig passiv da und die weiße Aufgabe ist ziemlich leicht. Es ist nämlich an der Zeit, den König einzusetzen (beachte **Regel 10**).

7. ♔a4

Der Plan ist klar: Marschiere zu dem störenden Turm und greife ihn an. Schwarz versucht noch, seinen König zur Verteidigung heranzuziehen, aber mit einem derart passiven Turm ist natürlich alles vergebens.

7. ... ♔d6

8. ♔a5 ♔c5

9. ♖b1

Es wurde bereits erwähnt, dass Türme *langschrittige* Figuren sind und dass sie am besten weit weg vom feindlichen König arbeiten. Denn dort stehen sie genauso mächtig, können jedoch nicht belästigt werden.

Schwarz zog es vor, hier aufzugeben, denn gegen die weiße Königswanderung ist er machtlos. Nach 9...♔c6 10.♔a6 wird der schwarze König mit 11.♖c1+ vertrieben und nach 12.♔a7 kostet der Freibauer den Turm.

Dieses Beispiel bietet übrigens eine gute Überleitung zur letzten Regel.

Regel 10

Setze deinen König aktiv ein!

In der Eröffnung und im Mittelspiel ist es lebenswichtig, dass dein König sicher geschützt steht. Wie wir gesehen haben, kann er in große Gefahr geraten, wenn er seinen Schutz verliert. Ganz anders ist es im Endspiel, wenn die meisten Figuren das Brett bereits verlassen haben, denn in dieser veränderten Situation kann der König oft zum besten Angreifer werden.

In der unten gezeigten Stellung haben beide Seiten gleich viele Steine, aber Schwarz kann ganz einfach gewinnen, weil sein König so aktiv steht, dass er einfach den b-Bauern erobern und den a-Bauern in eine Dame verwandeln kann.

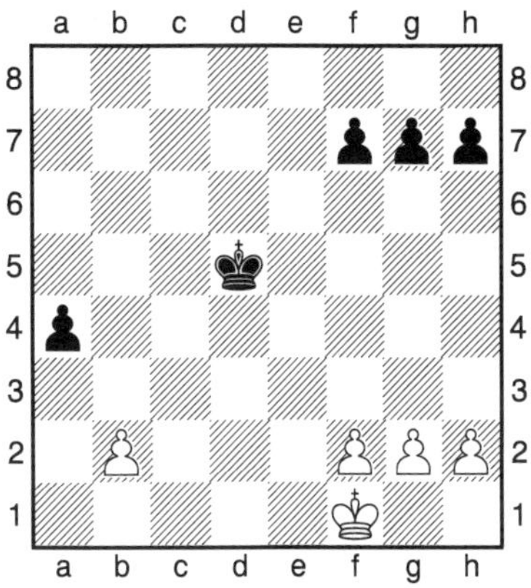

1.	**...**	**♔c4**
2.	**♔e2**	**♔b3**
3.	**♔d2**	**♔xb2**
4.	**♔d3**	**a3**

Wenn sein König anfangs auch nur *ein* Feld weiter links stehen würde, könnte Weiß die Partie noch retten. Davon kannst du dich selbst überzeugen!

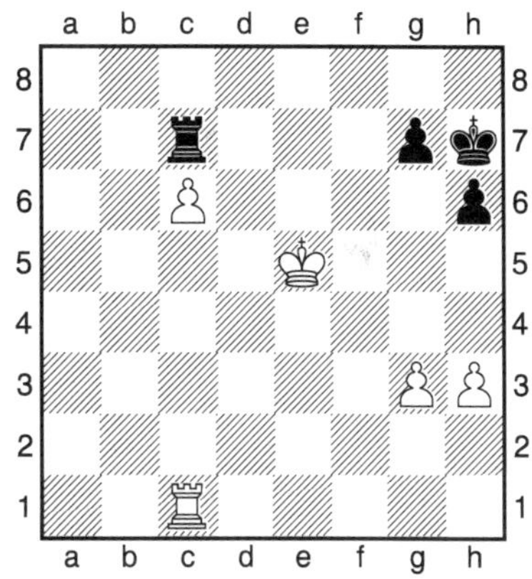

Auch in diesem einfachen Beispiel (mit Weiß am Zug) wird gezeigt, wie ein aktiver König das Spiel entscheiden kann. Der schwarze Turm hindert den Bauern c6 zwar daran, weiter vorzugehen, aber diese Blockade kann vom weißen König leicht durchbrochen werden.

1. ♔d6

Nun muss der angegriffene Turm wegziehen.

1. ... ♖c8

Nun geht der Bauer ein Feld weiter in Richtung achte Reihe.

2. c7 ♔g6

Der König will helfen, aber dafür ist es zu spät.

3. ♔d7

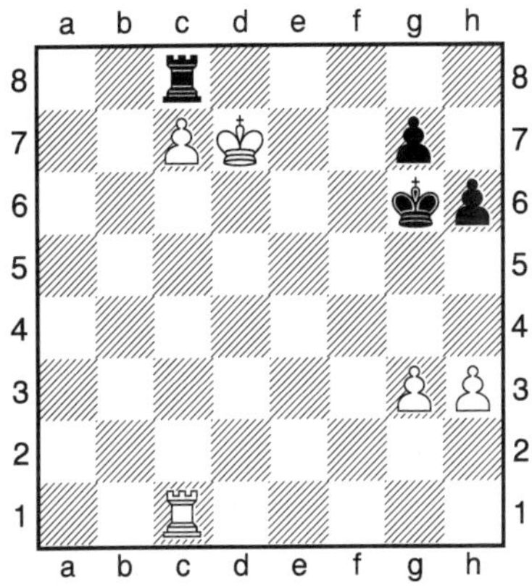

Greift erneut den Turm an und drängt ihn aus dem Weg.

3. ... ♖f8

4. c8♕ ♖xc8

5. ♖xc8

Nun hat Weiß einen ganzen Turm mehr und kann leicht gewinnen.

Im Endspiel kann der König nicht nur einem Freibauern bei der Verwandlung in eine Dame helfen, sondern er kann auch eine wichtige Verteidigerrolle übernehmen, indem er in der Brettmitte Stellung bezieht.

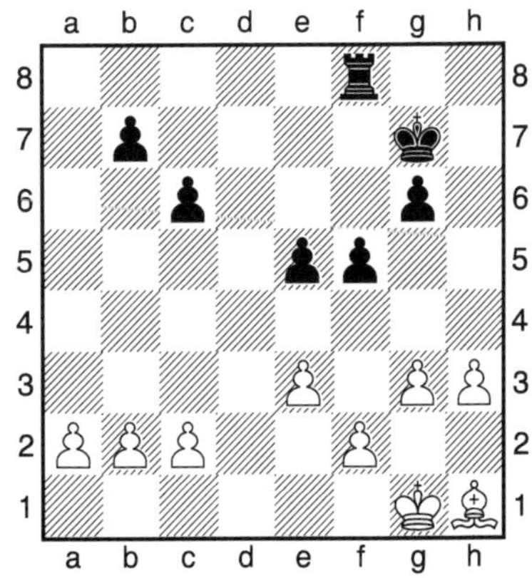

In dieser Stellung droht Schwarz, alle gegnerischen Bauern am Damenflügel zu erobern, wenn er zu ♖d8 nebst ♖d2, ♖xc2, ♖xb2 und ♖xa2 kommt.

Allerdings kann Weiß diesen Plan vereiteln, indem er seinen König in die Brettmitte bringt.

1. ♔f1 ♖d8

2. ♔e2

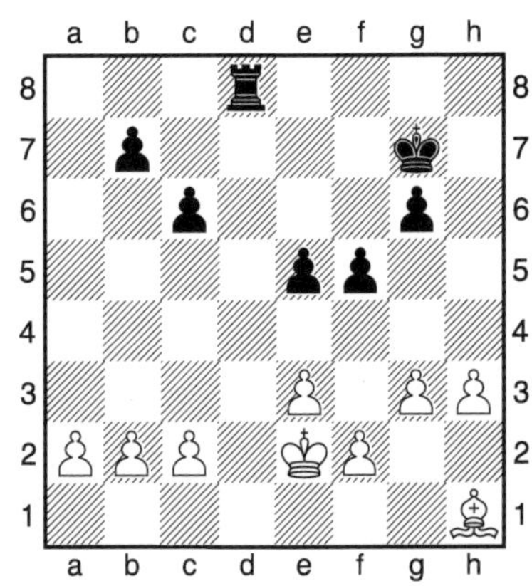

Nun ist der Turmeinfall verhindert und die Chancen sind ziemlich ausgeglichen.

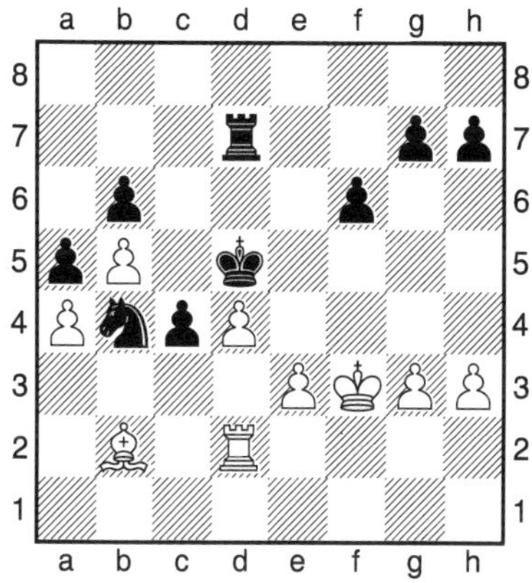

In dieser Stellung (aus der Partie Bischoff – Kortschnoi, Lugano 1982) liefert Schwarz ein weiteres Beispiel für die Kraft eines zentralisierten Königs.

Obwohl er einen starken Freibauern auf c4 hat, ist kaum zu sehen, wie er Fortschritte machen könnte. Falls er mit 1...♖c7 droht, den Bauern vorzutreiben, wird zuerst mit 2.e4+ sein König zurückgedrängt und nach 2...♔d6 blockiert Weiß mit 3.♗c3 den c-Bauern. Kortschnois radikale Lösung kommt vollkommen unerwartet.

1. ...c3

Wie viele Spieler würden wohl jemals auf die Idee kommen, mit dem vorgerückten Freibauern ihren wertvollsten Besitz wegzugeben?!

2. ♗xc3 ♔c4

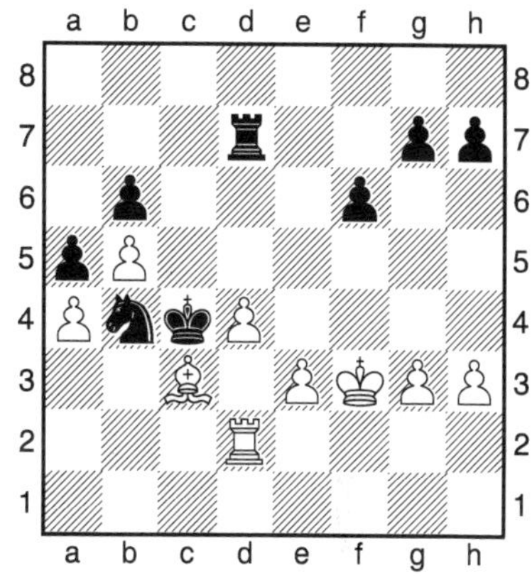

Das ist der springende Punkt: Der König dringt in die gegnerische Stellung ein.

3. ♗b2

Nach 3.♗xb4 axb4 befindet sich der schwarze König in einer perfekten Ausgangslage, um das Vordringen des neuen Freibauern auf der b-Linie zu unterstützen.

3. ... ♔b3

Das Ziel des Königs war offenbar der weiße a-Bauer.

4. ♔e2 ♔xa4

5. ♗c3 ♔b3

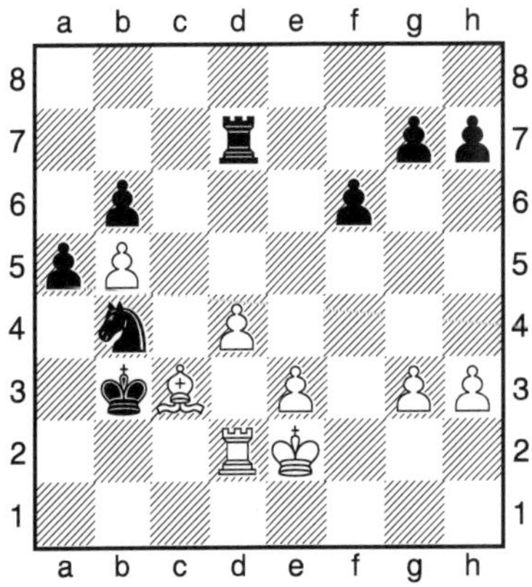

Großartig gespielt! Statt den b-Bauern zu nehmen, dringt der König erneut weiter ins weiße Lager ein, um diesmal das Vordringen des a-Bauern zu unterstützen.

6. ♗xb4

Nach 6.♗b2 a4 wird Weiß bald gezwungen sein, den Läufer für den Bauern herzugeben.

6. ... axb4

Nun unterstützt der schwarze König wiederum den b-Bauern.

7. ♔d3 ♔a3

8. ♖c2 b3

9. ♖c8 ♖a7

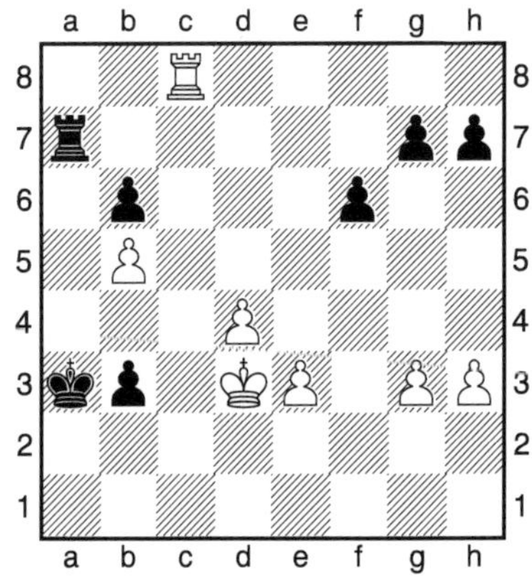

Und Schwarz kann nicht mehr an 10...b2 nebst ♔a2 und 12...b1♕ gehindert werden.

Zum Abschluss dieses Kapitels noch zwei Teststellungen.

(Lösungen auf Seite 128)

Diagramm 32

Wie gewinnt Weiß am schnellsten?

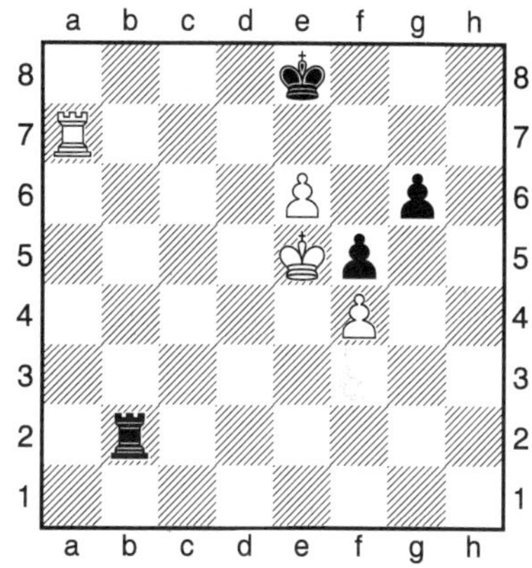

Diagramm 33

Weiß hat einen weit vorgerückten Freibauern, aber im Moment wird dessen Fortkommen vom schwarzen Turm verhindert. Suche einen guten Plan, wie Weiß dem Bauern weiter vorwärts helfen kann.

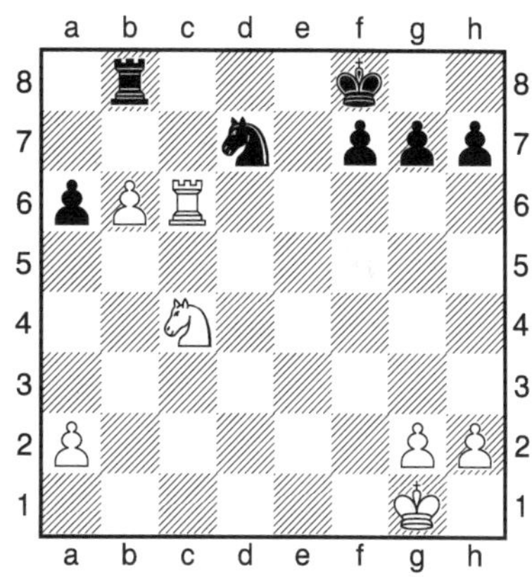

Übungen

Im letzten Teil des Buches findest du eine Auswahl von Übungsstellungen, die unter Nutzung aller in diesem Buch veranschaulichten Ideen gelöst werden können, wenn auch in manchen Fällen ein wenig Vorstellungsvermögen dazugehört. Dabei gibt es keine Hinweise, welche 'Goldene Regel' in dieser oder jener Stellung behandelt wird.

(Lösungen auf Seite 128 - 130)

Diagramm 34

Weiß könnte mit 1.♖xh6 einen Bauern schlagen. Ist das ein guter Zug?

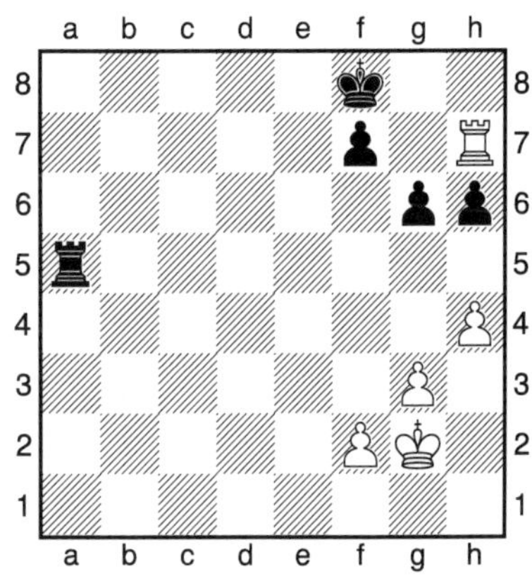

Diagramm 35

Schwarz zieht

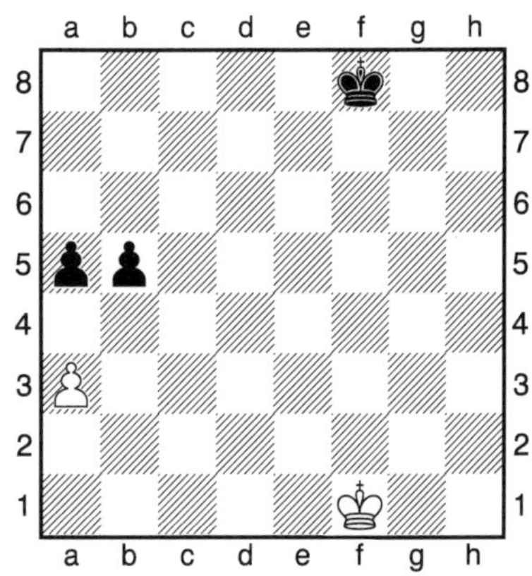

Diagramm 36

Schwarz droht offenbar ♛a1#. Was soll Weiß spielen?

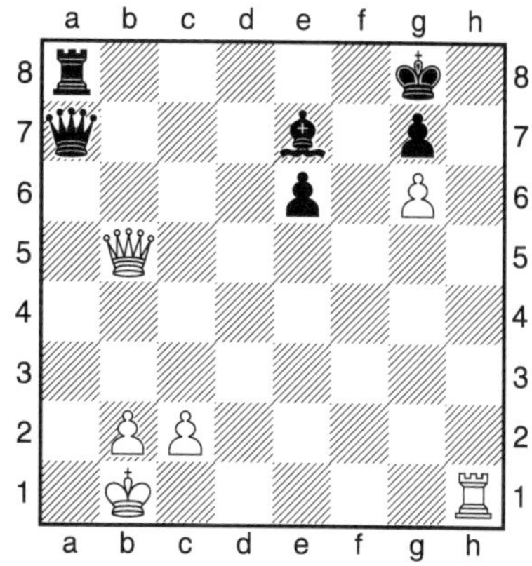

Diagramm 37

Weiß am Zug

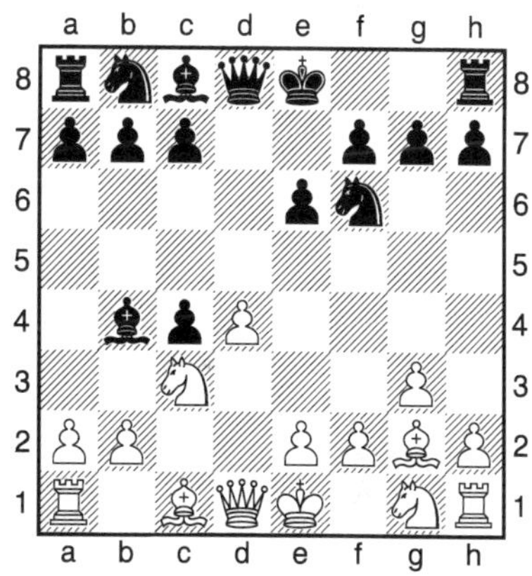

Diagramm 38

Wie kann Weiß einen Bauern gewinnen?

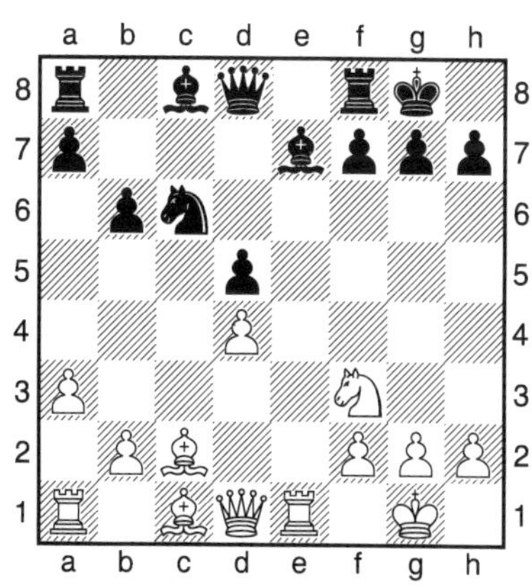

Diagramm 39

Weiß am Zug

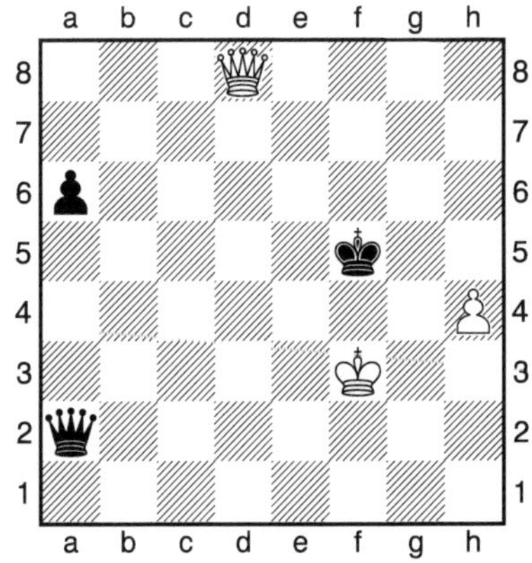

Diagramm 40

Weiß am Zug

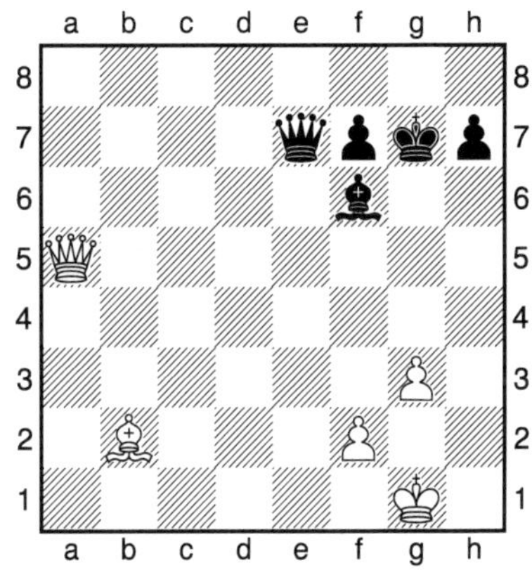

Diagramm 41

Schwarz hat gerade ♖c1# gespielt. Wie geht Weiß am besten darauf ein?

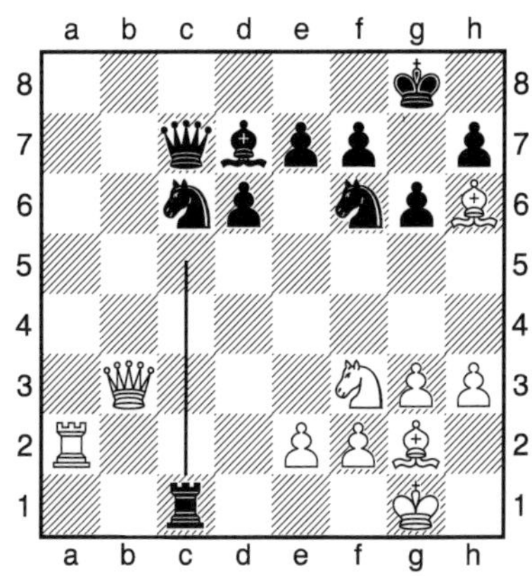

Diagramm 42

Weiß am Zug

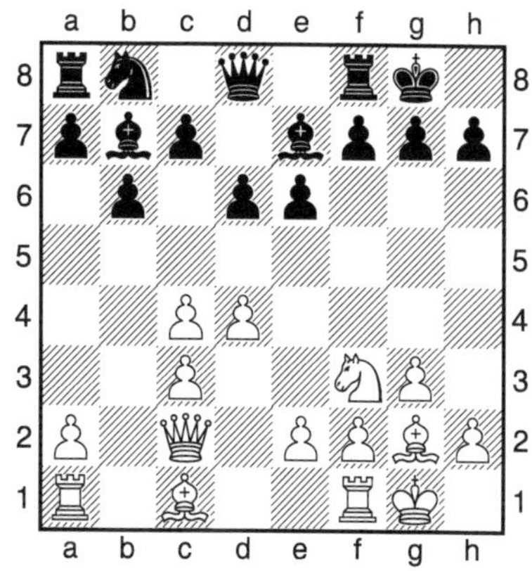

Diagramm 43

Weiß am Zug

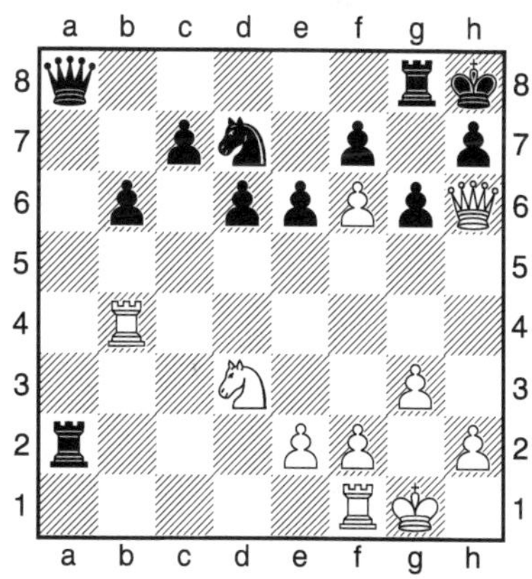

Diagramm 44

Weiß am Zug

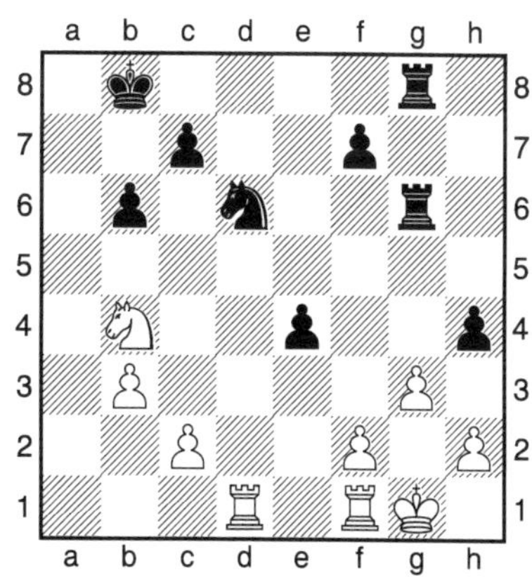

Diagramm 45

Weiß am Zug

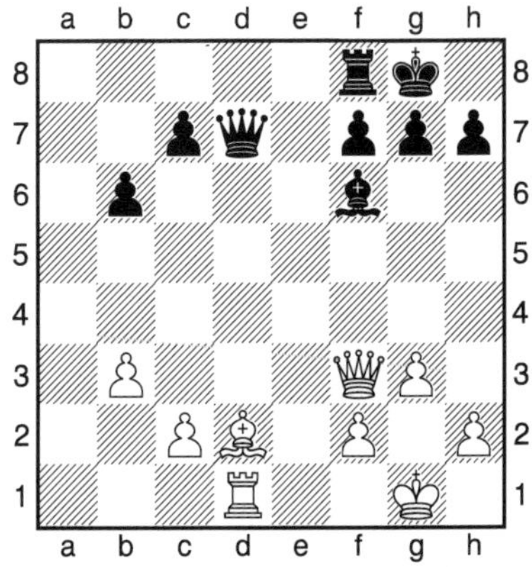

Diagramm 46

Weiß am Zug

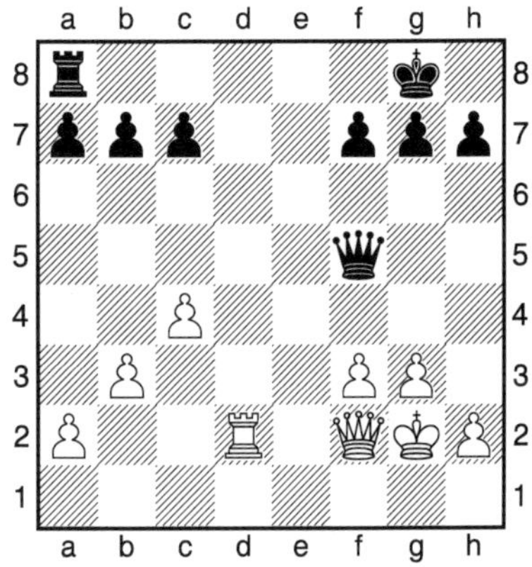

Diagramm 47

Weiß am Zug

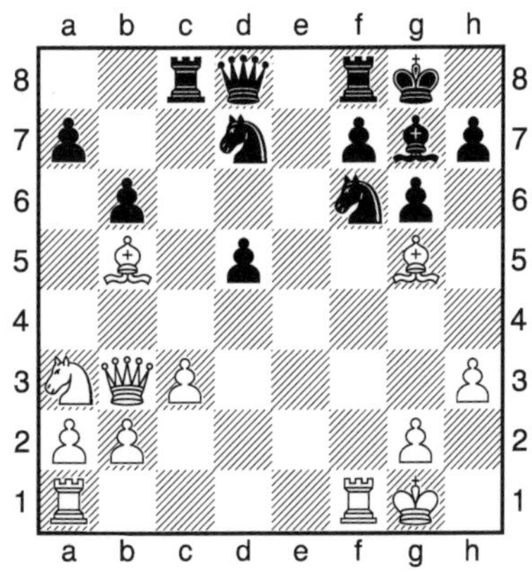

Diagramm 48

Weiß am Zug

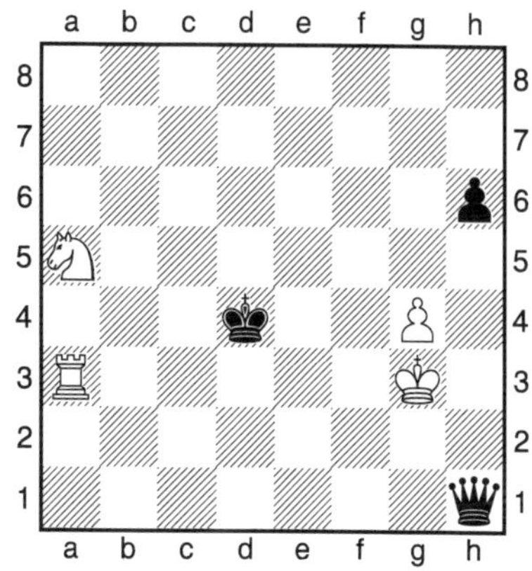

Diagramm 49

Weiß am Zug

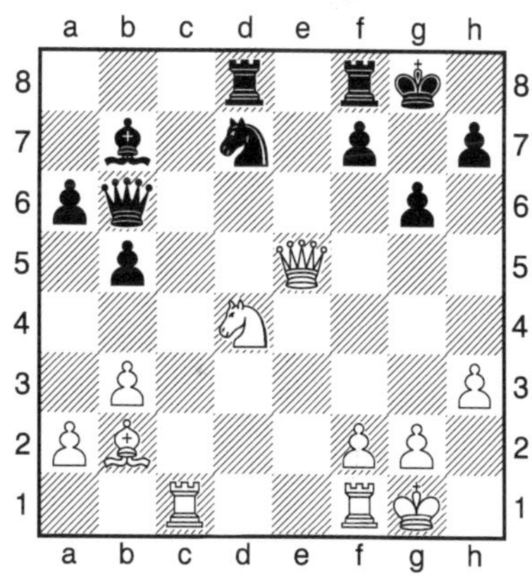

Diagramm 50

Weiß am Zug

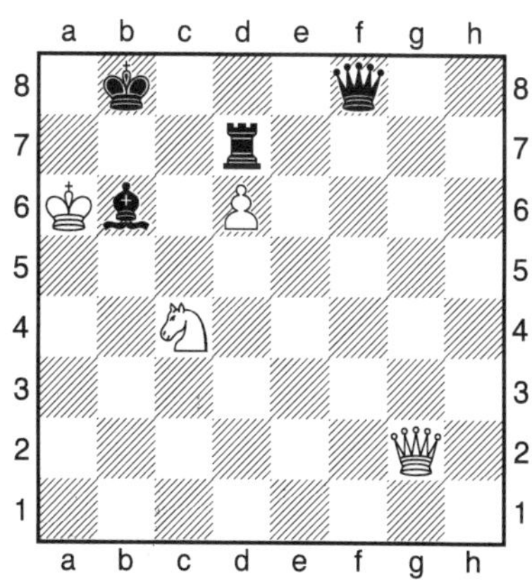

Lösungen

Diagramm 1

Die gekennzeichneten Felder heißen a2, c4, d7, g6, h3.

Diagramm 2

1.♕c4

Diagramm 3

1.♖e1

Diagramm 4

1.♖g1 Der Läufer kann nicht flüchten.

Diagramm 5

1...♗c5+ Der König muss ziehen und Schwarz schlägt den Turm g1.

Diagramm 6

1.♘d6 Weiß greift den Läufer und den Bauern f7 an.

Diagramm 7

1...♗d4+ Der König muss ziehen, wonach Schwarz den Turm a7 schlägt.

Diagramm 8

Mit **1.♘xc6+ ♘xc6 2.♖xb5** gewinnt Weiß einen Turm und einen Bauern (6 Punkte) für einen Springer (3 Punkte).

Diagramm 9

1...♘c5 Die weiße Dame wird vom Turm d8 angegriffen und kann nicht wegziehen.

Diagramm 10

1.♖c7+ Der Turmzug deckt das Schachgebot des Läufers d4 auf. (Abzugsschach!) Der schwarze König muss ziehen, wonach **2.♖xc8+** folgt.

Diagramm 11

Ein Beispiel für einen Doppelangriff. **1...♖f4** greift Läufer und Springer gleichzeitig an und erzwingt Figurengewinn.

Diagramm 12

1.♖a8 Weiß fesselt den Läufer f8 und stellt unmittelbar die unparierbare Mattdrohung **2.♖xf8#** auf.

Diagramm 13

1.♖a7 Der Turm greift den Springer a3 an und droht gleichzeitig 2.♖a8+ mit Gewinn des Turms auf g8.

Diagramm 14

1.♘d2 Ein unerwarteter verdeckter Angriff. Der Springer greift den

Turm b3 an und legt gleichzeitig einen Angriff des Turms f1 auf die schwarze Dame frei.

Diagramm 15

1...b4 Die Dame wird gefangen.

Diagramm 16

1...♘c7 Der Springer gabelt Dame und Turm auf.

Diagramm 17

1...♗e6 spießt Dame und Turm auf.

Diagramm 18

Mit **1.♕g4+** lenkt Weiß den Bewacher des Turms auf e8 ab und hat nach **1...♕xg4 2.♖xe8+ ♔g7 3.hxg4** einen Turm mehr.

Diagramm 19

1.♖c1 Die aufgespießte Dame steht in einer Linie mit dem Läufer c8, und wenn sie zieht, folgt 2.♖xc8#.

Diagramm 20

1...♕h1#

Diagramm 21

1.♖h8#

Diagramm 22

1...♘d2#

Diagramm 23

1.♕xg7#

Diagramm 24

1.♘f7#

Diagramm 25

1...♔b6#

Diagramm 26

1.♕e8+ ♖xe8 2.♖xe8#

Diagramm 27

1.♖h8+ ♗xh8 2.♖xh8#

Diagramm 28

1.f6 g6 2.♕h6 nebst **3.♕g7#**

Diagramm 29

1...♕g5+ 2.♔h1 ♕g2#

Diagramm 30

1...♘f3+ 2.♔h1 ♖xh2#

Diagramm 31

1...♗xd4+ 2.cxd4 ♕xd4# oder **1...♕xd4+ 2.cxd4 ♗xd4#**

Diagramm 32

Der stärkste Zug ist **1.♔f6** mit der Drohung 2.♖a8#. Nach **1...♖b8 2.♖h7 ♔d8 3.♖h8+ ♔c7 4.♖xb8 ♔xb8 5.e7** gewinnt Weiß.

Diagramm 33

Nach **1.♔f2** besteht der einfache Plan darin, mit ♔e3-d4-c3-b4-a5 weiterzumarschieren und den a-Bauern zu erobern. Schwarz kann so gut wie nichts dagegen tun. **1...♔e7 2.♔e3 a5 3.♔d4 a4 4.♔c3 f6 5.♔b4 ♘e5 6.♘xe5 fxe5 7.♔xa4 e4 8.♔b5 ♔d7 9.♖c3 ♖e8 10.b7 ♔d6 11.♖c8** und Schwarz gab auf.

Diagramm 34

Nein, weil nach **1.♖xh6 ♔g7** der weiße Turm festsitzt. Weiß sollte **1.♖h8+** spielen und den Turm in Sicherheit bringen, bevor die Falle zuschnappt.

Diagramm 35

Auf den ersten Blick kommt der schwarze Bauern nicht ans Ziel, weil er nach **1...b4 2.axb4 axb4 3.♔e2** vom König abgefangen wird. Allerdings kann Schwarz listiger vorgehen, indem er nach **1...b4 2.axb4** den besseren Zug **2...a4** spielt, denn nun ist der entstehende Freibauer ein Feld weiter weg vom weißen König weg und kann nicht mehr gestoppt werden. Falls Weiß noch **3.b5** spielt, kann Schwarz entweder **3...a3** nebst Umwandlung *mit Schach* wählen – oder auch **3....♔e7**, um den b-Bauern aufzuhalten.

Diagramm 36

Nach dem Turmopfer **1.♖h8+** kann die weiße Dame *mit Schach* ins Spiel kommen. Somit hat Schwarz keine Zeit für seinen Gegenangriff und es folgt die Mattsetzung **1...♔xh8 2.♕h5+ ♔g8 3.♕h7+ ♔f8 4.♕h8#**.

Diagramm 37

1.♕a4+ führt zu dem *Doppelangriff* auf den schwarzen König und den Läufer b4. **1...♘c6** ist der einzige Zug, um beide Drohungen zu parieren, aber wenn Weiß mit **2.♗xc6+** die Deckung des Läufers beseitigt, gewinnt er nach **2...bxc6 3.♕xb4** eine Figur.

Diagramm 38

Weiß kann mit einem vorübergehenden Opfer (oder in der Schachsprache: einem *Scheinopfer*) einen Bauern gewinnen: **1.♗xh7+ ♔xh7 2.♕c2+** Doppelangriff! **2...♔g8 3.♕xc6** mit Rückgewinn der geopferten Figur.

Diagramm 39

Im Moment können König und Dame von Schwarz nicht aufgespießt werden, aber nach **1.♕g5+ ♔e6 2.♕g8+** sieht die Sache schon anders aus.

Diagramm 40

Weiß gewinnt mit **1.♕g5+**, auch wenn das angesichts des Läufers auf f6 wie ein Fehler aussieht. Allerdings ist dieser Läufer ja gefesselt und kann die weiße Dame nicht schlagen. Folglich muss der schwarze König wegziehen, wonach Weiß mit ♕xf6 oder ♗xf6 eine Figur gewinnt.

Diagramm 41

Am besten pariert man das Schach, indem man den Turm mit dem Läufer h6 schlägt. Das ist zwar leicht zu sehen, aber manchmal vergisst man einen weit entfernten Stein, vor allem, wenn das Brett noch voll ist.

Diagramm 42

Mit **1.♘g5** schafft Weiß einen Doppelangriff, denn es droht nicht nur 2.♗xb7, sondern auch 2.♕xh7#. Schwarz kann nur **1...♗xg5** spielen und nach **2.♗xb7** geht auch noch der Eckturm verloren. Weiß erhält also einen Turm und gibt dafür einen Läufer her. In diesem Beispiel kommen also zwei Motive vor: 'kombinierter Angriff' und 'Figurenfang'.

Diagramm 43

Weiß kann mit einem spektakulären Damenopfer ein zweizügiges Matt erzwingen: **1.♕xh7+ ♔xh7 2.♖h4#**. Beachte, dass die umgekehrte Zugfolge **1.♖h4** nicht funktioniert, weil Schwarz sich mit **1...♘xf6** verteidigen kann.

Diagramm 44

Mit **1.♘c6+** erzielt Weiß Materialgewinn, denn nach einem schwarzen Königszug gabelt **2.♘e7** die beiden Türme auf. Weiß bekommt einen Turm (5 Punkte) für einen Springer (3 Punkte).

Diagramm 45

Weiß kann mittels eines Abzuges einen Doppelangriff herstellen und Material gewinnen. Der Schlüsselzug lautet **1.♗b4**, was sowohl den Turm f8 als auch die Dame d7 angreift. Schwarz muss die Drohung gegen die Dame abwenden, wonach Weiß den Turm schlägt.

Diagramm 46

Weiß kann Material gewinnen, indem er die schlechte schwarze Königsstellung ausnutzt. Mit **1.♕xa7** kann er einfach einen Bauern stehlen, denn **1...♖xa7** verbietet sich ja wegen **2.♖d8#**.

Diagramm 47

Mit **1.♗xd7** kann Weiß eine Figur gewinnen. Falls Schwarz mit **1...♘xd7** zurückschlägt, kostet **2.♗xd8** die Dame. Andererseits verliert nach **1...♕xd7** der Springer f6 eine Deckung, so dass Weiß mit **2.♗xf6** eine Figur gewinnt.

Diagramm 48

Es ist wirklich unglaublich, aber mit **1.♖a1** kann Weiß tatsächlich die schwarze Dame fangen, und zwar ganz gleich, wohin sie zieht; z.B. **1...♕xa1 2.♘b3+** (Springergabel) oder **1...♕e4 2.♖a4+** (Spieß) oder **1...♕d5 2. ♖d1+** (ein weiterer Spieß) oder schließlich **1...♕a8 2.♘b3+** (Abzug). Offenbar kommen viele der unter '**Regel 6**' besprochenen taktischen Werkzeuge hier zum Einsatz!

Diagramm 49

Weiß erzwingt mittels Damenopfer ein dreizügiges Matt: **1.♕g7+ ♔xg7 2.♘f5+ ♔g8 3.♘h6#**. Beachte, dass der zweite weiße Zug ein Doppelschach von Läufer und Springer ist. Ein Doppelschach ist eine der stärksten Angriffswaffen, denn da der Gegner nicht zwei Angreifer gleichzeitig schlagen kann, muss er immer mit einem Königszug antworten. Entsprechend geht ein Doppelschach oft auch mit dem sofortigen Matt einher.

Diagramm 50

Die letzte Stellung am Ende des Buches bringt ein wenig Spaß. Weiß gewinnt mit einer ganzen Serie von Springergabeln, aber um diese herbeizuführen, musst du erst die Dame opfern: **1.♕a8+ ♔xa8 2.♘xb6+ ♔b8 3.♘xd7+** und zum guten Schluss auch noch **4.♘xf8**. Der weiße Springer vernichtet im Alleingang die gesamte feindliche Armee.